Descubra Juegos Gratis Online

Disponibles Aquí:

BestActivityBooks.com/FREEGAMES

5 CONSEJOS PARA EMPEZAR

1) CÓMO RESOLVER LAS SOPA DE LETRAS

Los rompecabezas tienen un formato clásico:

- Las palabras se ocultan sin espacios ni guiones,...
- Orientación: Las palabras pueden escribirse hacia delante, hacia atrás, hacia arriba, hacia abajo o en diagonal (pueden estar invertidas).
- Las palabras pueden superponerse o cruzarse.

2) APRENDIZAJE ACTIVO

Junto a cada palabra hay un espacio para anotar la traducción. Para fomentar un aprendizaje activo, un **DICCIONARIO** al final de esta edición te permitirá comprobar y ampliar tus conocimientos. Busca y anota las traducciones, encuéntralas en el puzzle y añádelas a tu vocabulario!

3) MARCAR LAS PALABRAS

Puedes inventar tu propio sistema de marcado. ¿Quizás ya usas uno? También puedes, por ejemplo, marcar las palabras difíciles de encontrar con una cruz, las que te gustan con una estrella, las nuevas con un triángulo, las raras con un diamante, etc.

4) ESTRUCTURAR EL APRENDIZAJE

Esta edición ofrece un **CUADERNO DE NOTAS** muy práctico al final del libro. En vacaciones, de viaje o en casa, podrás organizar fácilmente tus nuevos conocimientos sin necesidad de un segundo cuaderno!

5) ¿HABÉIS TERMINADO TODAS LAS PARRILLAS?

En las últimas páginas de este libro, en la sección **DESAFÍO FINAL**, encontrarás un juego gratis!

¡Rápido y sencillo! Echa un vistazo a nuestra colección de libros de actividades para tu próximo momento de diversión y aprendizaje, ¡a sólo un clic de distancia!

Encuentre su próximo reto en:

BestActivityBooks.com/MiProximoLibro

En sus marcas, listos, ¡Ya!

¿Sabías que hay unas 7.000 lenguas diferentes en el mundo? Las palabras son preciosas.

Nos encantan los idiomas y hemos trabajado duro para crear libros de la más alta calidad para tí. ¿Nuestros ingredientes?

Una selección de temas adecuados para el aprendizaje, tres buenas porciones de entretenimiento, y luego añadimos una cucharada de palabras difíciles y una pizca de palabras raras. Los servimos con cariño y máxima diversión para que puedas resolver los mejores juegos de palabras y te diviertas aprendiendo!

Tu opinión es esencial. Puedes participar activamente en el éxito de este libro dejándonos un comentario. Nos encantaría saber qué es lo que más le ha gustado de esta edición.

Aquí hay un enlace rápido a tu página de pedidos:

BestBooksActivity.com/Opiniones50

Gracias por tu ayuda y diviértete!

Todo el equipo

1 - Ajedrez

```
K  R  T  G  G  B  O  S  V  V  S  J  P  S
P  R  V  A  K  V  B  P  D  D  K  A  R  T
I  P  A  B  H  U  Z  A  I  G  R  A  O  R
F  C  Z  L  K  B  Z  Y  J  И  A  A  T  A
C  Ž  T  R  J  O  E  P  A  P  L  Z  I  T
P  R  A  V  I  L  A  O  G  R  J  E  V  E
A  T  K  R  M  Y  F  E  O  T  I  Z  N  G
S  V  M  E  T  I  S  N  N  T  C  И  I  I
I  O  I  M  U  G  T  I  A  T  A  R  K  J
V  V  Č  E  R  R  G  D  L  R  I  Z  N  U
N  A  E  D  N  A  R  A  E  T  И  H  T  A
I  N  N  N  I  Č  C  S  S  O  B  U  P  A
V  J  J  L  R  D  B  D  K  B  A  U  D  P
E  E  E  P  Y  O  J  Y  S  C  C  J  J  G
```

BEO	PASIVNI
PRVAK	POENI
TAKMIČENJE	PRAVILA
DIJAGONALE	KRALJICA
STRATEGIJU	KRALJ
IGRA	ŽRTVOVANJE
IGRAČ	VREME
CRNA	TURNIR
PROTIVNIK	

2 - Agua

```
O R A D E R Z S G F V S N I
K F T K T P L O C H M D A S
E T A N E R P L R N G J V P
A H S M R A Z J E Z E R O A
N Z U P O P L A V A J B D R
A G R Z P N J G N N Z P N A
V L A Ž N E S L E D I N J V
K P G C R F T U Š J R P A A
I A A P C B M J N B H I V N
Š R N Y D B K K Y T S T A J
E E T A L A S A P Y R K N A
P C Z Z L M A N P N E E J T
V L A Ž N O S T I H K I E I
K A U A V U S N E G E G T J
```

KANAL   JEZERO
TUŠ   KIŠE
ISPARAVANJA   MONSUN
GEJZIR   SNEG
MRAZ   OKEANA
LED   TALASA
VLAŽNOSTI   PITKE
URAGAN   NAVODNJAVANJE
VLAŽNE   REKE
POPLAVA   PARE

3 - Granja #2

```
L  M  K  V  И  P  D  T  P  G  R  Z  K  N
G  P  O  O  F  D  C  F  L  B  K  I  U  A
P  F  O  Ć  Š  P  A  S  T  I  R  H  K  V
G  P  A  E  L  N  L  P  P  I  V  R  U  O
Y  O  C  A  P  H  I  M  P  Ž  O  A  R  D
T  V  V  V  A  O  V  C  L  I  Ć  N  U  N
M  R  K  N  T  E  A  И  A  V  N  A  Z  J
L  Ć  A  J  K  J  D  A  P  O  J  Y  U  A
E  A  R  K  A  P  A  C  J  T  A  B  V  V
K  L  M  G  T  M  D  L  A  I  K  O  P  A
A  B  И  E  P  O  P  Š  E  N  I  C  E  N
J  O  V  C  E  E  R  S  G  J  B  M  K  J
J  A  G  N  J  E  A  P  J  E  Č  A  M  E
F  A  R  M  E  R  Y  И  H  A  M  B  A  R
```

FARMER	LAME
ŽIVOTINJE	KUKURUZ
JEČAM	OVCE
KOŠNICA	PASTIR
HRANA	PATKA
JAGNJE	LIVADA
VOĆE	NAVODNJAVANJE
AMBAR	TRAKTOR
VOĆNJAK	PŠENICE
MLEKA	POVRĆA

4 - Mueble

```
K R Z V S J J A S T U K K S
L R T C Y V O A E J P Y A T
U K E J E G G P S T M N U O
P T D V N G L G R T C L Č L
A Z A V E S E U P H U E U I
P F I M H T D U Š E K C O C
K O M O D A A S T O L U I A
M T L O И P L L A M P A A V
T E P I H H O P G A Y E F I
I L I L C Z T P H A G F G S
A J M E T E B R V Y K G P E
A A H E S И H A B L M H Ć
L O S Y G C Z H G L G H B A
U T E Š I T E L J I Z U F I
```

TEPIH
JASTUK
KLUPA
KREVET
JASTUCI
DUŠEK
ZAVESE
KOMODA
UTEŠITELJI

STOLU
OGLEDALO
POLICE
VISEĆA
LAMPA
STOLICA
FOTELJA
KAUČ

5 - Pesca

```
S  T  R  P  L  J  E  N  J  A  R  U  J  S
И  Z  A  K  P  F  R  R  V  Z  F  U  E  E
R  Y  F  B  N  K  O  P  R  E  M  A  Z  Z
U  D  Z  И  S  P  U  M  A  M  A  C  E  O
C  T  H  Š  C  J  R  K  D  T  B  N  R  N
H  E  O  K  E  A  N  E  A  D  Y  B  O  A
V  Z  A  R  K  J  V  L  K  Č  A  M  A  C
M  J  V  G  K  E  J  A  T  E  Ž  I  N  A
Ž  I  C  E  P  K  O  R  P  I  I  K  P  K
V  I  L  I  C  E  H  B  V  O  A  L  P  U
O  P  R  E  T  E  R  I  V  A  N  J  A  V
D  T  C  T  P  L  И  A  K  O  H  A  K  A
A  N  G  E  E  T  C  E  J  D  G  F  P  R
P  L  A  Ž  A  S  T  E  I  A  И  B  T  F
```

VODA	KUKA
PERAJA	JEZERO
ČAMAC	VILICE
ŠKRGE	OKEAN
ŽICE	STRPLJENJA
MAMAC	TEŽINA
KORPI	PLAŽA
KUVAR	REKE
OPREMA	SEZONA
PRETERIVANJA	

6 - Aviones

```
D Z O E N A E V I S I N U A
M O C A G G D L I I K E C T
V A V A N T U R A S F B P M
P O M T V P I L O T I O E O
R P D G M L A F M O C N B S
O R I O J H G P O R N B A F
P A Z R N P Y B T I L P L E
E V A I S I U I O J V O O R
L C J V C F K T R A B S N A
E U N O G G H N H R A O N
R S C P O Z K P N N D S G
A P J V K J A F A Z K E Z B
K O N S T R U K C I J A F Z
V A Z D U H S L E T A N J A
```

VAZDUH
VISINU
VISINA
SLETANJA
ATMOSFERA
AVANTURA
NEBO
GORIVO
KONSTRUKCIJA
PRAVCU

DIZAJN
BALON
PROPELERA
VODONIK
ISTORIJA
MOTOR
PUTNIK
PILOT
POSADE

7 - Tipos de Cabello

```
C C S J A J N A P N Y D S A
P R T F B Ć S N L L O K N E
O N N A U E I B E O S P Y T
F A J E N L V T T A H P U Z
H T L A B A A A E D G V T P
U U M E O V K L N E B P G F
K R A T A K O A I B D U G O
Z S U V A G V S R E R И F J
P D S S Z D R A T O P A D A
O V R I R Y D S H F A P O B
K M E A I M Ž T B G B L G N
R E B H V K A A P T M A N D
K K R U B U K P K U V U F
R A O I M C A D L И F A A E
```

BEO
SJAJNA
ĆELAV
KRATAK
TANAK
SIVA
DEBEO
DUGO
BRAON
CRNA

TALASASTA
SREBRO
KOVRDŽAVA
LOKNE
PLAVA
ZDRAV
SUVA
MEKA
PLETENI

8 - Ciencia Ficción

```
N  T  R  L  K  U  T  O  P  I  J  E  I  P
E  E  F  A  N  T  A  S  T  I  Č  A  N  E
K  H  R  G  J  N  O  E  E  D  E  A  A  C
S  N  Y  O  I  M  A  G  I  N  A  R  N  E
T  O  R  K  G  B  I  O  S  K  O  P  F  P
R  L  O  G  E  K  S  P  L  O  Z  I  J  E
E  O  B  A  P  R  O  R  O  Č  I  Š  T  E
M  G  O  L  L  O  I  H  G  V  K  P  C  U
N  I  T  A  A  I  Ž  I  L  U  Z  I  J  E
E  J  A  K  N  M  N  A  T  O  M  S  K  E
I  A  L  S  E  T  C  Z  R  H  I  S  R  K
И  K  Y  I  T  A  J  A  N  S  T  V  E  N
M  E  Y  J  E  R  E  A  L  N  O  E  E  S
C  E  F  A  D  A  L  E  K  O  J  T  O  A
```

ATOMSKE
BIOSKOP
DALEKOJ
EKSPLOZIJE
EKSTREMNE
FANTASTIČAN
POŽAR
GALAKSIJA
ILUZIJE
IMAGINARNE

KNJIGE
TAJANSTVEN
SVET
PROROČIŠTE
PLANETE
REALNO
ROBOTA
TEHNOLOGIJA
UTOPIJE

9 - Juguetes

```
M E G Z A G V M K A F Z I J
A I G R E K S N O A V O Z K
Š D C И И B K U A L M I A S
T B I C I K L U T K A I O P
E R O V V O E S K P Č И O N
L T A A T L J L N Š A H M N
Z A N A T A O A J M M И I Z
M N P C K A L G I M A J L U
A R И K Y F G A G P C P J P
J R O H R M P L E A V F E I
O K O L Z Z I I K Z K C N A
S P V B И E D C R H D P I P
T V Y L O P T A T A K И A F
И S E K P T B U B N J E V I
```

ŠAH

KLEJ

ZANATA

AVION

ČAMAC

BICIKL

LOPTA

KAMION

KOLA

ZMAJ

OMILJENI

MAŠTE

IGRE

KNJIGE

LUTKA

ROBOT

SLAGALICA

BUBNJEVI

VOZ

10 - Circo

```
M  A  Đ  I  O  N  I  Č  A  R  H  И  M  G
P  R  I  K  A  Ž  I  K  T  R  I  K  U  L
I  M  S  B  O  M  B  O  N  A  G  P  Z  E
F  P  B  E  O  P  A  S  L  O  N  V  I  D
M  L  O  J  G  I  K  T  I  G  A  R  K  A
L  A  V  M  Y  S  R  I  C  K  P  D  A  L
B  A  L  O  N  I  O  M  A  J  M  U  N  A
P  A  R  A  D  A  B  A  K  P  И  H  B  C
A  I  U  V  I  Y  A  G  A  L  I  F  M  M
A  F  V  L  R  N  T  I  L  Y  O  N  C  S
Ž  I  V  O  T  I  N  J  E  H  A  V  Y  L
Š  A  T  O  R  P  S  A  P  A  B  Y  N  Z
Ž  O  N  G  L  E  R  A  E  T  N  A  V  G
N  S  Y  Z  A  B  A  V  L  J  A  M  C  A
```

AKROBAT	MAGIJA
ŽIVOTINJE	MAĐIONIČAR
BOMBONA	ŽONGLER
ŠATOR	MAJMUN
PARADA	PRIKAŽI
SLON	MUZIKA
ZABAVLJAM	KLOVN
GLEDALAC	TIGAR
BALONI	KOSTIM
LAV	TRIK

11 - Rellenar

```
K  B  B  C  O  O  Z  S  E  A  G  I  Y  B
O  K  A  R  T  O  N  D  O  L  L  R  P  U
F  B  C  S  F  A  S  C  I  K  L  U  K  R
E  R  O  T  E  B  R  E  M  O  V  Z  U  E
R  M  A  C  E  N  D  V  P  V  Y  M  T  R
C  F  T  F  A  G  N  K  A  E  H  L  I  U
И  B  D  H  C  S  L  K  O  R  P  I  J  R
L  E  Ž  I  Š  T  E  U  J  T  A  N  A  A
T  S  E  V  A  A  O  B  T  E  K  O  F  U
U  Y  P  R  B  T  T  M  O  D  E  I  V  Y
V  C  M  J  M  A  Y  И  R  B  T  F  A  P
F  K  L  F  I  O  K  A  B  S  I  P  Z  O
V  G  F  K  Z  G  P  I  A  M  A  G  A  F
O  I  D  P  S  B  Y  B  F  M  S  I  J  R
```

LEŽIŠTE	KORPI
BURE	KOFU
TORBA	BASEN
DŽEP	VAZA
BOCA	KOFER
KUTIJA	PAKET
FIOKA	KOVERTE
FASCIKLU	TEGLU
KARTON	CEV

12 - Granja #1

```
И  H  O  G  O  Z  A  L  A  P  F  E  S  L
C  V  H  И  T  E  L  E  Z  И  P  L  E  M
E  J  M  C  D  M  M  H  G  Y  A  M  N  A
L  B  L  E  Y  L  P  Y  A  P  K  I  O  G
Y  P  Z  P  A  J  V  M  M  K  O  N  J  A
P  I  R  I  N  A  Č  D  P  G  Z  K  F  R
Č  A  A  L  P  P  M  E  D  O  A  E  Z  A
E  R  S  E  M  E  P  Y  V  P  L  I  A  C
L  E  Y  A  O  O  G  R  A  D  E  J  U  P
A  R  B  И  A  E  L  V  K  C  H  R  E  A
Z  P  O  L  J  O  P  R  I  V  R  E  D  E
P  O  Y  M  A  Č  K  A  L  L  O  G  G  A
Đ  U  B  R  I  V  A  N  J  Y  P  D  T  V
N  C  J  K  K  K  R  A  V  A  N  T  A  B
```

PČELA
POLJOPRIVREDE
VODA
PIRINAČ
MAGARAC
KONJ
KOZA
POLJE
VRANA
ĐUBRIVA

MAČKA
SENO
MED
PAS
PILE
SEME
TELE
ZEMLJA
KRAVA
OGRADE

13 - Camping

```
P L A V J F J E Z E R O E K
H Š U M A I E J T G M O P O
P B M A V A И N Š E Š I R M
A V A N T U R A J Y H P R P
Ž I P L M E A P A E U L C A
И I A A P P O Ž A R R A O S
L O V I S E Ć И F S N P D
K O N O P A C P R M V I R R
A A K P T B P H S B M N E V
N U B K P I N S E K T E M E
U M U I I K N M E S E C A Ć
И G T A N C N J P J H R N A
B T И U C E Z Z E U F L Z B
R V P R I R O D A E G M D E
```

ŽIVOTINJE
AVANTURA
DRVEĆA
ŠUMA
KOMPAS
KABINE
KANU
LOV
KONOPAC
OPREMA

POŽAR
VISEĆA
INSEKT
JEZERO
FENJER
MESEC
MAPA
PLANINE
PRIRODA
ŠEŠIR

14 - Fruta

```
J M A N G O E M A N A N A S
M Z V I K V A A K R U Š K E
J G O U S S O L I M U N B M
D E K I V I V I Š N J E P G
B A A K C L F N J A B U K A
E T D G A B R E S K V E S D
R E O U R J N S B Y F B N R
R R C G P O S D I N J A H L
I Z A U I P Ž I D G T N R D
B V D И G Y A Đ J L J A И P
F S K O K O S P A E V N P M
N E K T A R I N A T J E L Z
K T И Y H B C E S J L K A P
B P O M O R A N D Ž A K M M
```

AVOKADO	JABUKA
KAJSIJE	BRESKVE
BERRI	DINJA
VIŠNJE	POMORANDŽA
PLAM	NEKTARINA
KOKOS	PAPAJA
MALINE	KRUŠKE
KIVI	ANANAS
LIMUN	BANANE
MANGO	GROŽĐA

15 - Geología

```
Z  G  O  S  A  S  H  M  L  Y  K  K  S  V
I  E  R  O  Z  I  J  E  B  V  O  A  T  O
N  J  M  P  D  A  M  V  B  P  N  L  A  V
O  Z  I  L  Y  R  A  U  F  E  T  C  L  A
U  I  N  A  J  O  S  L  O  J  I  I  A  K
K  R  E  T  K  O  N  D  S  G  N  J  G  A
I  A  R  O  A  O  T  A  I  R  E  U  M  V
S  O  A  D  M  K  R  R  L  I  N  M  I  E
E  P  L  A  E  V  F  A  E  J  T  O  T  R
L  D  A  M  N  A  V  N  L  S  L  T  A  N
I  L  A  V  A  R  K  R  I  S  T  A  L  A
N  I  J  L  A  C  V  U  L  K  A  N  E  C
E  S  T  A  L  A  K  T  I  T  P  H  A  B
P  P  H  G  M  R  P  V  N  N  U  G  A  G
```

KISELINE
KALCIJUM
SLOJ
KAVERNA
KONTINENT
KORAL
KRISTALA
KVARC
EROZIJE
STALAKTIT

STALAGMITA
FOSIL
GEJZIR
LAVA
PLATO
MINERALA
KAMEN
SO
ZEMLJOTRES
VULKAN

16 - Plantas

```
B N P K M K D B R Š L J A N
A B O T A N I K E H H P Y P
M M L C D K E E G R M G Y F
B A B Z A L T Y T Š R L L P
U H I A F I R U A U M I A C
S O G I Š S A O S M C Š T V
B V V A O T V Y S A Y Ć I E
M I N C R B A D R V O E C T
P N J C Y P Đ U B R I V A B
A A G K P A S U L J V F R K
I A V O V E G E T A C I J E
F L O R E S D Z V H D B P B
G N Z E M A E M N E Z A U A
T A A N T B B H D A I Y I B
```

GRM
DRVO
BAMBUS
BERRI
ŠUMA
BOTANIKE
KAKTUS
ĐUBRIVA
CVET
FLORE

LIŠĆE
PASULJ
BRŠLJAN
TRAVA
LIST
BAŠTA
MAHOVINA
LATICA
KOREN
VEGETACIJE

17 - Suministros de Arte

```
G U K P E Z S J H K A I A M
C A A A P B T U S R K E K A
V S M S T O A T G E R S V S
Y T E T O J L L C A I V A T
K O R E Y E A U Z T L E R I
O L A L S N K T O I E J E L
F I E A P A P I R V P K L O
P C E J V O D A H N A Y I T
I A I S Z Y O V O O K R A G
G U M I C A U L B S V S A И
I D E J E V L V O T F H Y V
A S T B A L J N S V M A P N
V C I O S Č E T K E K S U E
K E B D A C O И И C U E A A
```

ULJE
AKRIL
AKVARELI
VODA
KLEJ
GUMICA
STALAK
UGALJ
KAMERA
ČETKE

BOJE
KREATIVNOST
IDEJE
OLOVKE
STO
PAPIR
PASTELA
LEPAK
STOLICA
MASTILO

18 - Jardín

```
Y  G  I  D  T  V  I  S  E  Ć  A  F  J  L
Z  T  O  G  R  M  H  V  Y  C  H  S  E  O
S  J  I  A  A  V  T  R  A  V  A  R  Z  G
A  G  D  R  M  L  O  P  A  T  A  G  E  R
B  D  J  A  P  C  R  E  V  O  Z  R  R  A
V  B  O  Ž  O  F  A  B  B  И  A  U  D
K  O  R  A  L  Z  K  B  R  P  I  B  И  E
L  C  Ć  L  I  T  E  R  A  S  A  L  P  C
U  S  Y  N  N  D  Y  M  Z  K  T  J  G  U
P  R  S  S  J  A  U  N  L  T  R  E  M  P
A  S  P  O  B  A  Š  T  A  J  C  V  E  T
K  O  R  O  V  N  K  L  C  Y  A  P  O  D
T  R  A  V  N  J  A  K  Y  V  M  I  И  I
G  Y  T  G  Y  M  N  P  R  A  J  P  V  F
```

GRM	BAŠTA
DRVO	KOROV
KLUPA	CREVO
TRAVNJAK	LOPATA
JEZERU	TREM
CVET	GRABLJE
GARAŽA	ZEMLJA
VISEĆA	TERASA
TRAVA	TRAMPOLIN
VOĆNJAK	OGRADE

19 - Países #2

```
N  L  S  D  E  T  I  O  P  I  J  E  P  J
D  Y  U  O  F  A  R  U  D  V  A  R  O  A
K  K  D  L  V  S  S  K  V  H  U  U  R  P
P  V  A  R  O  O  K  R  N  J  S  T  T  A
D  A  N  U  F  J  A  A  G  A  T  E  U  N
M  E  K  S  I  K  O  J  R  S  R  P  G  A
P  I  C  I  P  T  E  I  Č  J  I  M  A  A
И  C  G  J  S  R  U  N  K  K  J  J  L  L
R  L  И  A  K  T  Y  A  E  L  A  O  S  B
I  E  P  M  F  R  A  N  C  U  S  K  E  A
S  I  R  I  J  E  O  N  L  N  R  P  K  N
O  И  I  A  U  S  T  R  A  L  I  J  A  I
T  J  A  M  A  J  K  A  U  E  P  M  K  J
D  A  N  S  K  A  U  G  A  N  D  I  J  A
```

ALBANIJA	LAOS
AUSTRALIJA	MEKSIKO
AUSTRIJA	PAKISTAN
DANSKA	PORTUGAL
ETIOPIJE	RUSIJA
FRANCUSKE	SIRIJE
GRČKE	SUDAN
IRSKA	UKRAJINA
JAMAJKA	UGANDI
JAPAN	

20 - Tecnología

```
U  H  L  S  T  P  R  E  G  L  E  D  A  Č
D  Y  P  F  H  U  O  E  N  U  M  Y  K  G
K  U  R  S  O  R  A  R  K  F  R  P  A  S
S  T  L  V  A  O  L  D  U  R  Y  J  M  F
D  T  B  I  M  B  H  S  O  K  A  O  E  P
A  S  A  R  I  E  A  I  M  A  A  N  R  H
T  O  J  T  P  O  D  A  T  A  K  A  A  J
O  F  T  U  I  S  I  G  U  R  N  O  S  T
T  T  O  E  T  S  P  Y  G  A  B  L  O  G
E  V  V  L  G  Z  T  U  T  Č  V  D  B  N
K  E  A  N  V  C  S  I  U  U  I  E  F  Z
A  R  B  I  J  O  И  P  K  N  R  E  T  P
D  I  G  I  T  A  L  N  I  A  U  Z  M  R
I  N  T  E  R  N  E  T  C  R  S  P  I  U
```

DATOTEKA	PORUKA
BLOG	PREGLEDAČ
BAJTOVA	RAČUNAR
KAMERA	EKRAN
KURSORA	SIGURNOST
PODATAKA	SOFTVER
DIGITALNI	VIRTUELNI
STATISTIKA	VIRUS
INTERNET	

21 - Números

```
D  S  A  U  Z  G  M  Š  И  D  V  A  Č  A
A  J  N  C  P  V  A  E  L  V  S  M  E  D
O  S  A  M  N  A  E  S  T  A  E  A  T  E
B  E  L  P  M  V  I  T  S  N  D  D  I  C
G  D  E  V  E  T  T  R  D  A  A  E  R  I
H  A  O  T  Z  T  R  I  V  E  M  V  I  M
N  M  E  S  R  U  N  N  A  S  N  E  L  A
И  P  F  S  A  I  U  A  D  T  A  T  U  L
Y  F  J  N  N  M  L  E  E  S  E  N  F  N
E  E  N  T  S  И  A  S  S  S  A  V  E
D  E  S  E  T  D  C  T  E  M  T  E  I  Y
Š  E  S  N  A  E  S  T  T  J  Y  S  Z  P
Z  P  R  Č  E  T  R  N  A  E  S  T  H  E
P  Z  N  Z  O  O  O  G  I  H  V  I  A  T
```

ČETRNAEST	DVANAEST
NULA	DVA
PET	DEVET
ČETIRI	OSAM
DECIMALNE	PETNAEST
DEVETNAEST	ŠEST
OSAMNAEST	SEDAM
ŠESNAEST	TRINAEST
SEDAMNAEST	TRI
DESET	DVADESET

22 - Mitología

```
U V E R E N J A P E V O L K
G H L P E M N И N S T S A A
A I E N O U L S S M H V V T
G H G P O N H S И R S E I A
A L R L A J A A C T N T R S
T J M S R E N Š V N A A I T
K U L T U R A L A I G Y N R
N B J V M S A P D N E B T O
E O A O R A T N I K J H R F
B M V R A R H E T I P E Z E
E O I E L E G E N D A R N S
S R N N B E S M R T N O S T
A E A J G L F O C V И J K L
V P M E P S T V A R A N J E
```

ARHETIP
LJUBOMORE
NEBESA
PONAŠANJE
STVARANJE
UVERENJA
STVORENJE
KULTURA
KATASTROFE
SNAGE

RATNIK
HEROJ
BESMRTNOST
LAVIRINT
LEGENDA
SMRTNI
MUNJE
GRMLJAVINA
OSVETA

23 - Ecología

```
G V R S T E E C A A V P M B
L E R A Z L I Č I T E R O T
O G S V B P D L B J R I Č K
B E T U O D R Ž I V A R V L
A T A P Š O E O L A Z O A I
L A N N R E S И J D N D R M
N C I E Z I U A K F O N A A
O I Š U Y N R P E F L O R E
M J T A Z N S O K A I C A J
I E E N E F E C D F K G H V
Z A J E D N I C E A O B F Z
O P S T A N A K G U S Y P B
A M O R S K I H H N T D T E
V O L O N T E R A E K O T P
```

KLIMA
ZAJEDNICE
RAZNOLIKOST
VRSTE
FAUNE
FLORE
GLOBALNO
STANIŠTE
MORSKIH
PRIRODNO

PRIRODA
MOČVARA
BILJKE
RESURSE
SUŠE
ODRŽIV
OPSTANAK
RAZLIČITE
VEGETACIJE
VOLONTERA

24 - Casa

```
L N T U S S T R P O D R U M
K J L И Z O O G R A D E P P
G A R A Ž A B B A Š T A R U
D S T E P I H I L U P R O T
F L P P H P F B G A E J Z C
H A L M И R R L A D M P O A
S V L D N O U I И Z K P R F
Z I D G P G G O K R O V A U
I N P O D L K T H B P R F P
D A D T S E L E A A Z A D Y
K A M I N D N K D V A T A R
C V U F I A M E T L A A R N
L U F И V L И K U H I N J A
V C G Y G O P A M G E T U Š
```

TEPIH	SLAVINA
TAVANU	BAŠTA
BIBLIOTEKE	LAMPA
KAMIN	ZID
KUHINJA	POD
SOBI	VRATA
TUŠ	PODRUM
METLA	KROV
OGLEDALO	OGRADE
GARAŽA	PROZOR

25 - Artes Visuales

```
T  K  T  P  E  R  S  P  E  K  T  I  V  E
K  D  M  V  J  P  L  A  R  Y  S  U  O  S
F  O  T  O  G  R  A  F  I  J  A  M  K  K
A  D  A  K  Š  M  K  U  H  P  S  E  C  U
R  R  И  S  E  A  Y  A  И  T  T  T  A  L
E  P  H  L  Z  R  B  I  D  O  A  N  E  P
M  O  K  I  U  G  A  L  J  A  V  I  S  T
E  R  R  K  T  C  R  M  O  J  N  K  T  U
K  T  E  A  A  E  G  L  I  N  E  F  A  R
D  R  D  R  E  P  K  K  A  K  И  V  L  E
E  E  E  S  C  J  R  T  J  J  E  K  A  F
L  T  Z  T  F  I  L  M  U  V  M  N  K  V
O  T  N  V  V  O  S  A  K  R  B  P  D  O
S  F  K  O  L  O  V  K  A  P  A  R  L  S
```

GLINE
ARHITEKTURA
UMETNIK
LAK
STALAK
UGALJ
VOSAK
KERAMIKE
SASTAV
SKULPTURE

FOTOGRAFIJA
OLOVKA
REMEK-DELO
FILM
PERSPEKTIVE
SLIKARSTVO
ŠABLON
PORTRET
KREDE

26 - Escuela #2

```
O O O Y L L D I U Y P L T J
K B L D G R A M A T I K E R
N I R O E C N P L E G A Z L
J B A A V Ć Z L J M R D S D
I L N U Z K U Č I T E L J A
Ž I A T Z O A D V S Z S K K
E O C O F И V K R T A R A A
V T M B K T T A J B L A L D
N E A U N J И F N P I Č E E
O K K S J T P N H J H U N M
S E A J I P A P I R E N D S
T F Z O G R E Č N I K A A K
D P E U E N A U K E P R R E
Č I T A N J E V N A И K P S
```

AKADEMSKE
AUTOBUS
BIBLIOTEKE
KALENDAR
NAUKE
REČNIK
OBRAZOVANJE
GRAMATIKE
IGRE
OLOVKA

ČITANJE
KNJIGE
KNJIŽEVNOST
RANAC
RAČUNAR
PAPIR
UČITELJ
ODEĆU
ZALIHE
MAKAZE

27 - Selva Tropical

```
O O P S T A N A K R T A E F
P O Š T O V A T I V B A I Z
H A T D Ž U N G L I T J N M
R E S T A U R A C I J A S L
S O Č U V A N J E V D A E T
V I A U T O H T O N I H K Z
M R S S T P D U B H C P T A
K T E A M A H O V I N A I J
L A K D R K U P Z D D Z N E
I V A A N A P T P E B B I D
M R И L K E H I N H M B L N
A S E O B L A C I P N C A I
U T O Č I Š T E K F I M I C
H E R A Z N O L I K O S T A
```

VODOZEMCI
KLIMA
ZAJEDNICA
RAZNOLIKOST
VRSTE
AUTOHTONIH
INSEKTI
SISARA
MAHOVINA

OBLACI
PTICE
OČUVANJE
UTOČIŠTE
POŠTOVATI
RESTAURACIJA
DŽUNGLI
OPSTANAK
VREDNE

28 - Colores

```
T C B A S U C K R P L I E V
T Y L G R G P H V I J H K B
J D S K R N M C Y И U Z O F
N S E I A B I T M A B E O A
Y Z C R V E N A V U I L H P
J U I S B A Y G F M Č E F O
P D J S S E P I J A A N U M
I P A A A V Ž C D G S S C O
N L N G C A Z U R E T E H R
V A N P O B R A O N A K S A
K V Z A B Z V И Z T C C I N
P A P K B P B A E A Ž R A D
O B I Y L I P Z P F U D N Ž
И J S G N P K И B O T P T A
```

ŽUT
PLAVA
AZURE
BEŽ
BEO
CIJAN
FUCHSIA
SIVA
MAGENTA

BRAON
POMORANDŽA
CRNA
LJUBIČASTA
CRVENA
ROZE
SEPIJA
ZELEN

29 - Adjetivos #1

```
P И Y N D Z S A R V F K A P
L J P E D Y A K S O A E C I
A N T V U И V T V U O V R A
T V E I H G R I E A S L O U
A E S N L T Š V L U Ž A S S
P L Š T V И E A I V Z N E S
S I S K R E N N K T P U O P
O K V T A R O M A T I Č N O
L O E A O Z B I L J A N O R
U D T M O G R O M A N M Y O
T U A N M O D E R A N L D B
N Š O O V R E D N E C A G E
E A M B I C I O Z A N D R И
L N J I A T R A K T I V N E
```

APSOLUTNE
AKTIVAN
AMBICIOZAN
AROMATIČNO
ATRAKTIVNE
SVETAO
OGROMAN
VELIKODUŠAN
VELIKA
ISKREN

VAŽNO
NEVIN
MLAD
SPORO
MODERAN
TAMNO
SAVRŠENO
TEŠKA
OZBILJAN
VREDNE

30 - Familia

```
D T V S S A U N U Y D N G O
L O B C Z E И S E И E N I N
M A J Č I N S K E Ć D E C A
D E T E O F A T U J A K U N
M A J K A T K B R A T K N E
U P D R O Đ A K H A И И U Ć
Ž R T E T K A C T V J A K A
D E T I N J S T V A P A S K
J D K L J O S O U R E E U I
Y A B Z Y S F E И I E B P N
M K I O S Y H Ć E R K A R J
K T E И B M G J E S И K U A
G Y И Z S B B C N P P A G H
E P T C Z K Y M I P R V A B
```

BAKA
DEDA
PREDAK
SUPRUGA
SESTRA
BRAT
ĆERKA
DETINJSTVA
MAJKA
MUŽ

MAJČINSKE
UNUK
DETE
DECA
OTAC
ROĐAK
NEĆAKINJA
NEĆAK
TETKA
UJAK

31 - Disciplinas Científicas

```
L  I  N  G  V  I  S  T  I  K  E  E  Y  P
B  S  O  C  I  O  L  O  G  I  J  E  S  S
I  P  A  A  E  K  O  L  O  G  I  J  E  I
O  A  R  S  K  C  O  C  P  S  F  C  U  H
H  G  H  T  B  I  O  L  O  G  I  J  E  O
E  M  E  R  L  M  I  И  P  T  Z  U  P  L
M  E  O  O  A  N  A  T  O  M  I  J  E  O
I  H  L  N  L  U  T  И  D  U  O  P  P  G
J  A  O  O  D  O  O  P  J  V  L  A  I  I
E  N  G  M  C  O  G  T  S  V  O  B  P  J
C  I  I  I  H  E  M  I  J  E  G  A  D  E
K  K  J  J  M  P  N  M  J  A  I  A  C  A
B  E  E  E  F  C  J  O  O  E  J  D  И  L
I  M  U  N  O  L  O  G  I  J  E  L  A  И
```

ANATOMIJE
ARHEOLOGIJE
ASTRONOMIJE
BIOLOGIJE
BIOHEMIJE
EKOLOGIJE
FIZIOLOGIJE

GEOLOGIJE
IMUNOLOGIJE
LINGVISTIKE
MEHANIKE
PSIHOLOGIJE
HEMIJE
SOCIOLOGIJE

32 - Gatos

```
S H L K M A P U C L U D T S
Z M D I V L J A N O A B H T
S B E F N O N T P V P L N I
U P N Š A P E E E A N M L D
R L I Č N O S T I C L L N L
S T R F R O R E P F M Y E J
C E R U K A N D Ž A A J Z I
U T A N R M D K G Y B B A V
R N Z R Z I A O R M R S V J
H M I D N Š M L Z Z Z A I E
T S G F O S D P O N O N S R
T F R E B I I D L I A P N N
I U A P R E D I V A G O A N
T M N H B V P P A N E P O Y
```

LOVAC
REP
RADOZNAO
SAN
KANDŽA
SMEŠNO
PREDIVA
NEZAVISNA
RAZIGRAN

LUD
ŠAPE
LIČNOSTI
KRZNO
MALO
MIŠ
BRZO
DIVLJA
STIDLJIV

33 - Cocina

```
J  S  Z  T  Ͷ  U  R  E  S  J  O  N  Y  F
P  K  A  L  T  O  P  P  U  N  F  E  Ͷ  S
T  E  G  L  U  I  I  U  N  R  J  K  Ͷ  P
Ͷ  C  B  A  V  V  Ͷ  S  Đ  B  E  E  A  A
P  E  O  F  R  E  A  G  E  P  J  R  Z  Š
P  L  Y  I  Č  J  T  V  R  K  O  L  N  T
R  J  H  R  A  N  A  A  K  O  R  P  U  A
E  A  Z  A  Č  I  N  I  A  A  O  K  J  P
C  L  M  P  I  Š  O  L  J  E  Š  S  F  I
E  F  U  H  N  D  Ž  O  P  J  T  I  V  Ć
P  H  N  T  I  S  E  N  Z  C  I  M  K  I
T  Ͷ  T  P  J  C  V  C  E  E  L  P  P  E
S  A  G  U  U  A  I  A  A  L  J  D  E  G
F  R  I  Ž  I  D  E  R  Č  A  J  N  I  K
```

ČAJNIK
HRANA
KAŠIKE
LONCA
NOŽEVI
KECELJA
ZAČINI
SUNĐER
RERNA

VRČ
ŠTAPIĆI
ROŠTILJ
RECEPT
FRIŽIDER
SALVETA
TEGLU
ŠOLJE
ČINIJU

34 - Escuela #1

```
S И B P K O U D P Z P A K J
T O K S P V Č A L F A B E T
O L O V K E I D D R P C J V
L P B S F V T Z H T I K S C
U R I M A B E И M J R P C S
O I B A U S L B R O J E V E
D J L T Z Č J Y A B S C R S
G A I E A A I S P I T A U T
O T O M V D B O J B F F Č O
V E T A E C K A N M P A A L
O L E T T E I V V I B K K I
R J K I O L O V K A C F A C
E I E K N J I G E R Z A Y A
G P V E F A S C I K L E J J
```

ALFABET
RUČAK
PRIJATELJI
UČIONICA
BIBLIOTEKE
FASCIKLE
ZABAVA
STOLU
KVIZ
ISPITA

OLOVKA
KNJIGE
MATEMATIKE
BROJEVE
PAPIR
OLOVKE
UČITELJ
ODGOVORE
STOLICA

35 - Adjetivos #2

```
S U V A Z O D G O V O R A N
E L E G A N T A N M A H K D
Z S V Y Č O L V P L T И M J
A G P R I R O D N O N Y H N
N S E G N M K C O I S Y D H
I K L Z J A K S V E Ž E R K
M R S A E L A O A Z A Y A O
L E P D N N J V S Y P Y M G
J A O A O O J N U M O R A N
I T Y O Z P J P O Z N A T И
V I Z D R A V M F O O L I A
O V O T A T G L И P S S Č Z
J N O N J K I F V V N Y A S
J E S T I V O R O P I S N I
```

UMORAN
JESTIVO
KREATIVNE
OPISNI
DRAMATIČAN
ELEGANTAN
POZNAT
SVEŽE
JAK
ZANIMLJIVO

PRIRODNO
NORMALNO
NOVA
PONOSNI
ZAČINJENO
ODGOVORAN
SLANO
ZDRAV
SUVA

36 - Cuerpo Humano

```
P  J  S  K  R  N  R  L  A  M  И  R  R  R
P  F  K  F  K  A  O  K  O  Z  G  A  S  U
F  S  O  G  H  И  J  S  R  C  E  M  V  O
T  A  Č  O  P  L  A  K  A  T  И  E  N  И
A  C  N  U  V  O  P  R  I  F  A  O  A  P
J  H  I  Y  O  N  M  V  И  P  P  F  J  D
C  N  Z  B  P  V  K  K  J  F  O  И  N  T
U  G  G  R  Z  R  И  O  B  R  A  D  A  L
S  L  L  K  V  A  S  L  Ž  R  L  R  D  I
T  A  O  Z  J  T  O  T  N  A  D  U  E  C
A  V  B  A  E  R  Y  K  O  F  I  K  M  E
E  A  I  C  Z  N  N  L  G  P  K  A  M  S
A  V  F  S  I  P  J  J  U  V  I  S  E  J
M  O  Z  A  K  K  O  L  E  N  O  K  Y  J
```

BRADA	JEZIK
USTA	RUKA
GLAVA	NOS
LICE	OKO
MOZAK	UVO
LAKAT	KOŽA
SRCE	NOGU
VRAT	KOLENO
PRST	KRV
RAME	SKOČNI ZGLOB

37 - Ciencia

```
H Z M O E Z M B H U A V S P
E I D R V B I G I F S V E R
M D C G O D N R P L И P K I
I A J A L S E A O A J J S R
J M K N U K R V T B M K P O
S E V I C V A I E O O H E D
K T L Z I Č L T Z R L N R A
E O V M J E A A E A E A I S
I D E A E S C C И T K U M Z
G A O T R T Y I V O U Č E P
T J F O S I L J P R L N N L
P R N M B C U E F I A I T I
K L I M A E B И R J Z K I O
F I Z I K E P O D A T A K A
```

ATOM
NAUČNIK
KLIMA
PODATAKA
EVOLUCIJE
EKSPERIMENT
FIZIKE
FOSIL
GRAVITACIJE
STVARI

HIPOTEZE
LABORATORIJA
METOD
MINERALA
MOLEKULA
PRIRODA
ORGANIZMA
ČESTICE
BILJKE
HEMIJSKE

38 - Dinosaurios

```
O  F  O  S  I  L  A  L  P  R  K  E  M  V
O  G  I  D  Y  Z  M  A  P  V  R  V  S  E
Y  N  R  F  V  A  O  A  I  H  I  O  V  L
V  O  E  O  A  A  Ć  P  M  L  L  L  E  I
Z  U  P  K  M  D  A  M  V  U  A  U  J  K
V  R  S  T  E  N  N  C  E  H  T  C  E  A
K  A  Z  V  U  Z  E  M  L  J  E  I  D  N
B  I  L  J  O  J  E  D  I  P  S  J  P  E
G  U  O  A  V  E  A  K  Č  O  L  E  K  S
V  P  B  P  R  E  P  T  I  L  P  E  G  T
J  P  N  A  L  P  L  F  N  F  J  G  N  A
N  V  A  V  L  T  Y  A  A  K  Y  B  Z  N
P  R  A  I  S  T  O  R  I  J  S  K  I  A
I  V  K  L  A  M  E  S  O  J  E  D  И  K
```

KRILA
MESOJED
REP
NESTANAK
OGROMNE
VRSTE
EVOLUCIJE
FOSILA
VELIKA
BILJOJED

MAMUT
SVEJED
MOĆAN
PRAISTORIJSKI
PLEN
REPTIL
VELIČINA
ZEMLJE
ZLOBNA

39 - Restaurante #2

```
E V K S A J N O V A G R M Y
R O E A D A L R E A A B I S
E Ć L L Š O A K Č L Z B P R
Z E N A V I A F E T O R T A
A T E T F P K F R T K R T K
N K R A G U C A A И R И R O
C M N Y A G K P O V R Ć E P
I U R V I L J U Š K A V J N
E И B S Z E Z E S O Z O S A
L C P K H D J A A N Z D U P
J A J A Z T N B Č O O A P I
V T D I D R I B E I I P A T
R U Č A K K C R P N N O U A
B S T O L I C A G Z F I Z K
```

VODA
RUČAK
NAPITAK
KELNER
VEČERA
KAŠIKA
UKUSNO
SALATA
ZAČINI
REZANCI

VOĆE
LED
JAJA
TORTA
RIBE
SO
STOLICA
SUPA
VILJUŠKA
POVRĆE

40 - Profesiones #1

```
A S T R O N O M T A Y L Z N
R M M C H J A Y P J P И T A
M U B K S E S T R A L S R U
U Z L A T A R T Z F E B V Č
Z J G R S P O R T I S T A N
I L E T U A P P T P A P T I
Č L O O L R D J H L Č S R K
A O L G D E E O И N I I O P
R V O R P Z K D R G C H G N
I A G A Y P И A N N A O A S
Y C N F M N V P R I R L S L
G P I J A N I S T A K O A M
A D V O K A T E Z A V G C T
B A N K A R T R E N E R O E
```

ADVOKAT
ASTRONOM
SPORTISTA
PLESAČICA
BANKAR
VATROGASAC
KARTOGRAF
LOVAC
NAUČNIK
LEKAR

UREDNIK
AMBASADOR
SESTRA
TRENER
GEOLOG
ZLATAR
MUZIČAR
PIJANISTA
PSIHOLOG

41 - Vehículos

```
P O D M O R N I C E K M G V
T R A J E K T A F I D E H E
J A Y L K R A K E T A T O L
N J R S A R T A A A Y R J P
A H K Č R B R M H K K O L A
P E M A A A A I E S J O A B
B L P M V Y K O A I P Z S A
H I R A A L T N A V G K B G
I K C C N Y O C U O I U J B
H O S I P S R I T Z O O M C
I P K U K P L M O T O R N E
T T H И I L J L B Z M O A H
N E Z I Š A T L U F V A K Y
U R C Y E V P U S K Z B И T
```

HITNU
AUTOBUS
AVION
SPLAV
ČAMAC
BICIKL
KAMION
KARAVAN
KOLA
RAKETA

TRAJEKT
HELIKOPTER
ŠATL
METRO
MOTOR
GUME
PODMORNICE
TAKSI
TRAKTOR
VOZ

42 - Vacaciones #2

```
O  R  P  P  O  O  Š  P  L  A  Ž  A  E  C
T  D  E  Y  S  H  E  A  V  P  E  N  M  K
A  U  R  Z  A  D  I  S  T  R  A  N  I  E
K  I  V  E  E  S  L  O  B  O  D  N  O  Y
S  G  G  C  D  R  N  Š  Y  R  R  V  O  Z
I  U  O  A  S  I  V  O  S  T  R  V  O  A
A  G  D  P  J  E  Š  A  F  V  V  P  O  U
K  Z  M  K  B  T  A  T  C  H  I  E  M  H
D  C  O  C  P  G  C  A  E  I  D  J  O  O
A  E  R  O  D  R  O  M  P  F  J  N  R  T
V  F  O  T  O  G  R  A  F  I  J  E  E  E
I  D  E  N  D  T  M  P  R  E  V  O  Z  L
Z  R  E  S  T  O  R  A  N  L  Y  A  S  F
A  P  V  B  P  U  T  O  V  A  N  J  E  T
```

AERODROM	PASOŠ
ŠATOR	PLAŽA
ODREDIŠTE	REZERVACIJE
STRANI	RESTORAN
FOTOGRAFIJE	TAKSI
HOTEL	PREVOZ
OSTRVO	VOZ
MAPA	ODMOR
MORE	PUTOVANJE
SLOBODNO	VIZA

43 - Cumpleaños

```
M L A D P F P D T R F Z P T
U C C J R O Đ E N C F A R P
Y R A D O S N O L A U M I O
O P C S S V E Ć E G M И J Z
Y K Z V L T D A A O V M A I
K A P R A O Z S A D G B T V
P L O E V K A R T I C E E N
P E S M A И B E V N Y M L I
O N E E M M A Ć M A Z U J C
K D B G Ć V V A D A N D I E
L A N N O A A N V P K R C P
O R O V J C N G И A A O K C
N H O R U F Y J Y E P S R T
R T O R T A E P A A M T O M
```

RADOSNO
PRIJATELJI
GODINA
KALENDAR
PESMA
PROSLAVA
ZABAVA
DAN
POSEBNO
SREĆAN

POZIVNICE
MLAD
ROĐEN
TORTA
SEĆANJA
POKLON
MUDROST
KARTICE
VREME
SVEĆE

44 - Baile

```
P E M U Z I K A N E A Z Y J
R T J M G F Z E M O C I J A
O R K E R V A R G Z O D L A
B A K T E S Z I A Z L K M T
E D U N J K T T R Ž O V P P
И I L O S V Z A M Y A A A Z
У C T S J J Y M V U K J K A
S I U T P O K R E T U H A M
L O R A D O S N O P L K D N
S N A L O P A P A R T N E R
H A V I Z U E L N I U J M И
K L A S I Č N E M P R K I D
O N T E L O R J V A N E J M
B I O V D B T B H K I K E S
```

AKADEMIJE	IZRAŽAJAN
RADOSNO	GREJS
UMETNOST	POKRET
KLASIČNE	MUZIKA
TELO	STAV
KULTURA	RITAM
KULTURNI	PARTNER
EMOCIJA	TRADICIONALNI
PROBE	VIZUELNI

45 - Matemáticas

```
E F D P P A H P A D A R S G
K R E A J E P O R Z B A U E
S A C R E T R U I P Y D E O
P K I A D S A I T O B I M M
O C M L N I V P M F K J C E
N I A E A M O O E E D U K T
E J L L Č E U L T I T S B R
N A N N I T G I I U R A D I
T H E I N R A G K P O A R J
P K A U A I O O A R U V S E
O S R L O J N N P A G V F A
U G L O V A I A И V A D E T
A И U H T O K Z A N O V R M
P R E Č N I K P И O F E I J
```

ARITMETIKA
UGLOVA
OBIM
DECIMALNE
PREČNIK
JEDNAČINA
SFERI
EKSPONENT
FRAKCIJA

GEOMETRIJE
PARALELNI
PERIMETAR
UPRAVNO
POLIGONA
RADIJUS
PRAVOUGAONIK
SIMETRIJA
TROUGAO

46 - Restaurante #1

```
C B A N H T M L J Z I A F P
R T C P R G E E U A A A Y Y
S E G A A V S S N O Ž Z A D
O S Z L N A A O P I B P V K
S A T E A Z A Č I N J E N O
A L I R R N C P L K A F A N
K V U G Z V H И E S H K E O
H E И I N J A D E S E R T B
A T P J L Y A C И Y B Z F A
H A Z E И J P Č I N I J U R
N L A H S A S T O J C I O I
J Y E K U H I N J A E D P C
S P T B L A G A J N I K F A
Y R E B H I A V P L O Č A J
```

ALERGIJE
KAFA
BLAGAJNIK
KONOBARICA
MESA
KUHINJA
HRANA
NOŽ
SASTOJCI
MENI

HLEB
ZAČINJENO
PLOČA
PILE
DESERT
REZERVACIJE
SOS
SALVETA
ČINIJU

47 - Profesiones #2

```
D E T E K T I V A A Y Z D K
E E N O V I N A R S K И B O
S L I K A R B A Š T O V A N
U Č I T E L J A K R I P I H
L I N G V I S T A O S R L I
F I H O P И L S Y N T O U R
K O N I G I Z U B A R N S U
J J T Ž P N L L I U A A T R
I И C O E A V O P T Ž L R G
R N M E G N C N T A I A A F
L E K A R R J A C E V Z T H
B I O L O G A E E C A A O A
F I L O Z O F F R A Č Č R K
B I B L I O T E K A R O I A
```

ASTRONAUTA	PRONALAZAČ
BIBLIOTEKAR	ISTRAŽIVAČ
BIOLOG	BAŠTOVAN
HIRURG	LINGVISTA
ZUBAR	LEKAR
DETEKTIV	NOVINAR
FILOZOF	PILOT
FOTOGRAF	SLIKAR
ILUSTRATOR	UČITELJ
INŽENJER	

48 - Senderismo

```
A  K  И  D  K  L  I  F  K  L  I  M  A  T
C  O  K  N  H  A  P  R  I  P  R  E  M  A
L  Y  P  Y  K  O  M  A  R  C  I  V  R  S
P  A  R  K  O  V  A  P  R  I  R  O  D  A
Ž  P  O  L  O  Ž  A  J  O  M  B  I  A  M
I  I  O  Č  G  Z  R  R  F  V  N  Z  Y  I
F  B  V  V  I  A  И  H  S  O  A  H  G  T
C  U  P  O  T  Z  D  D  G  D  L  N  R  G
U  U  V  D  T  P  M  V  D  I  V  L  J  A
L  P  L  A  N  I  N  E  M  Č  C  J  P  E
U  M  O  R  A  N  N  V  G  I  K  K  L  M
K  A  M  E  N  J  E  J  S  U  N  C  E  T
P  Y  K  K  И  D  D  C  E  T  E  Š  K  A
M  A  P  A  J  K  K  L  P  Y  P  A  T  R
```

KLIF	PLANINE
VODA	KOMARCI
ŽIVOTINJE	PRIRODA
ČIZME	POLOŽAJ
KAMPOVANJE	PARKOVA
UMORAN	TEŠKA
KLIMA	KAMENJE
SAMIT	PRIPREMA
VODIČI	DIVLJA
MAPA	SUNCE

49 - Naturaleza

```
C  H  L  I  Š  Ć  E  V  G  M  A  G  L  A
V  P  Č  E  L  E  N  L  L  A  D  S  S  M
P  M  P  R  P  R  E  K  E  R  I  K  V  P
Š  U  M  A  Y  O  И  P  Č  K  N  L  E  U
M  I  R  N  O  Z  T  U  E  T  A  O  T  S
V  M  A  C  P  I  Y  A  R  I  M  N  I  T
A  S  P  T  J  J  Z  И  K  I  I  L  I  I
J  D  P  R  E  E  H  N  P  V  Č  Š  I  N
Ž  I  V  O  T  I  N  J  E  I  A  T  Š  J
L  V  U  P  K  T  Y  L  A  T  N  E  T  I
C  L  S  S  F  O  O  B  L  A  C  I  E  H
C  J  P  K  A  M  J  I  H  L  F  F  Y  T
A  A  J  E  F  C  R  A  F  N  D  Z  U  P
Y  R  U  T  P  I  H  C  N  I  B  S  N  Z
```

PČELE	MAGLA
ŽIVOTINJE	OBLACI
ARKTIK	MIRNO
LEPOTA	SKLONIŠTE
ŠUMA	REKE
PUSTINJI	DIVLJA
DINAMIČAN	SVETILIŠTE
EROZIJE	SPOKOJAN
LIŠĆE	TROPSKE
GLEČER	VITALNI

50 - Conduciendo

```
M U C D G K B G M H G F M S
A T P O P E Š A K Z A N O A
P R E V O Z P R O O S O T O
A U T O B U S A Č H L P O B
B R Z I N A D Ž N N G A R R
Y N G P L L J A I E O S S A
K A M I O N Y R C S R N I Ć
T A U V L L Z Z E R I O G A
V A N Z L I I U M E V S U J
U L I C I A C C M Ć O T R A
C P I T P M Y E I A P U N И
S S M M Z K I P N J C N O V
A L G D O B V O M C A E S U
H T P Y Y И N J S P U L T V
```

NESREĆA

AUTOBUS

ULICI

KAMION

KOLA

GORIVO

KOČNICE

GARAŽA

GAS

LICENCU

MAPA

MOTOR

PEŠAK

OPASNOST

POLICIJA

SIGURNOST

PREVOZ

SAOBRAĆAJA

TUNEL

BRZINA

51 - Ballet

```
K P P U B L I K E U E P B J
O M G M F H D P M R L L T U
M D G E S T O F O I H P M Y
P K S T I L C D K T Š G B M
O F O N U N Y J J A K I R P
Z K O I A B P F T M A D Ć Y
I P C Č M U Z I K A P A V A
T R L K I N T E N Z I T E T
O O P E O R K E S T A R Ž J
R B P L S V E Š T I N A B И
C E F S B A L E R I N A A A
S O L O V R Č T E H N I K A
Y T И M A P L A U Z N M O V
I Z R A Ž A J A N O И C U M
```

APLAUZ
UMETNIČKE
PUBLIKE
BALERINA
PLESAČA
KOMPOZITOR
PROBE
STIL
IZRAŽAJAN
GEST

VEŠTINA
INTENZITET
MIŠIĆA
MUZIKA
ORKESTAR
VEŽBA
RITAM
SOLO
TEHNIKA

52 - Aventura

```
I T N E O B I Č N O K C B P
D Z O A A K T I V N O S T R
Z P N T V L E P O T A R I I
P R O E E I P R O G R A M J
И I V Š N K G T H V N D R A
G P A K P A S A A T U O B T
L R C O T P Đ K C И I S Z E
R E O Ć P И S U U I Y T F L
O M A E J P P P J R J M U J
P A P R I R O D A U Z U N I
A Š A N S A F F N C Ć I B C
S A O O D R E D I Š T E J F
A E N T U Z I J A Z A M F E
N T V L S H R A B R O S T D
```

AKTIVNOST	PROGRAM
RADOST	PRIRODA
PRIJATELJI	NAVIGACIJU
LEPOTA	NOVA
ODREDIŠTE	ŠANSA
TEŠKOĆE	OPASAN
ENTUZIJAZAM	PRIPREMA
EKSKURZIJE	IZNENAĐUJUĆE
NEOBIČNO	HRABROST

53 - Pájaros

```
E Y J N Z P O P A P A G A J
D S R A R B V G C G A L E B
U M O T T N R G D J Z T E G
L V R K U K A V I C A P K J
R P A N O V P E L I K A N A
R O O F H R C V V R U P I J
L P D L E A A G U S K A U E
A D C A R N P I N G V I N A
F D B M O A V E O T U K A N
A C P I N F N P J L A B U D
K P A N B P C M A P I L E M
G Z S G O L U B E I K M V L
F Z G O A B L D P P A Z M K
T E S Z D A V A J P G P V R
```

NOJA
ORAO
RODA
LABUD
KUKAVICA
VRANA
FLAMINGO
GUSKA
HERON
GALEB

VRAPCA
SOKO
JAJE
PAPAGAJ
GOLUB
PATKA
PELIKAN
PINGVIN
PILE
TUKAN

54 - Playa

```
P F C P O B E S L G R S O K
G L T V M A J V K O B A L E
Č R A J K K Z I R D V N N A
Y A E V D G L N A M P D J D
K U M B A A J И B O E A F S
C T J A E J P J A R Š L C U
D Y И P C N K P Z O K E A N
K I Š O B R A N D V I O D C
M O R E L A G U N E R F O E
J E D R I L I C A A G Z S P
B P T O И J K E S B Z J T E
G A G T F F E S A H O Z R S
H И A Y R P G И I S R R V A
M T L J G E L F Z P Y U O K
```

PESAK
GREBEN
PLAVA
ČAMAC
KRABA
OBALE
OSTRVO
LAGUNE

MORE
OKEAN
KIŠOBRAN
SANDALE
SUNCE
PEŠKIR
ODMOR
JEDRILICA

55 - Surf

```
S  H  K  D  P  P  R  V  A  K  Y  P  Z  O
I  N  P  И  P  O  S  Y  S  T  O  M  A  K
Y  K  A  И  O  Z  P  Y  T  A  Z  E  B  E
U  S  P  G  Č  P  O  U  I  Y  P  B  A  E
G  S  L  S  E  L  R  O  L  Z  Z  R  V  M
T  R  C  B  T  A  T  K  N  A  H  Z  A  G
A  D  E  O  N  Ž  I  E  V  V  R  I  B  P
L  P  N  B  A  A  S  A  G  C  G  N  U  E
A  F  И  L  E  O  T  N  U  O  L  A  A  N
S  G  P  Y  V  N  A  S  E  D  D  И  И  A
M  U  L  T  E  E  K  S  T  R  E  M  N  E
D  Ž  U  O  S  O  O  O  I  P  U  O  L  C
L  V  R  E  M  E  C  J  P  O  G  Z  K  O
Y  E  R  P  C  R  Z  F  R  Y  K  U  N  A
```

GREBEN
SPORTISTA
PRVAK
VREME
ZABAVA
PENA
STIL
STOMAK
EKSTREMNE

SNAGE
GUŽVE
OKEAN
TALAS
PLAŽA
POPULARNA
POČETNA
BRZINA

56 - Geografía

```
H D C F U Z F N L N P A J K
R E G I O N A T I E B Z I O
E И M O R E P L A N I N E N
K M A I Z E K B B M J U G T
E E P V S A V V P H R P S I
G R A D И F P L A P B A E N
V I S I N U E A H T S I V E
I D Z A K N U R D E O G E N
S I O S T R V O E Z T R R T
I J T M C H S F F U U K A R
N A B L I Z E M L J U S T P
A N U N P H G C T S I V L E
A T T E R I T O R I J E A H
O Y V D G T S R U Z L T S H
```

VISINU
ATLAS
GRAD
KONTINENT
EKVATOR
VISINA
HEMISFERE
OSTRVO
MAPA
MORE

MERIDIJAN
PLANINE
SVET
SEVER
ZAPAD
ZEMLJU
REGIONA
REKE
JUG
TERITORIJE

57 - Deportes

```
S  B  E  K  N  U  T  S  T  K  V  P  P  B
C  P  A  P  N  G  D  T  R  O  S  U  O  E
K  V  O  B  R  U  I  A  G  Š  O  R  B  J
G  H  N  R  T  D  F  D  S  A  L  I  E  Z
I  O  T  H  T  R  S  I  G  R  A  Č  D  B
M  K  L  I  M  I  E  O  S  K  Z  J  N  O
N  E  H  F  A  Y  S  N  B  U  N  V  I  L
A  J  T  E  N  I  S  T  E  C  P  S  K  P
S  B  I  C  I  K  L  И  A  R  A  P  D  O
T  P  R  V  E  N  S  T  V  O  Z  P  M  K
I  A  T  F  P  B  R  G  И  R  V  U  I  R
K  D  T  S  J  P  И  У  T  O  A  S  Z  E
E  T  I  M  M  S  P  B  N  S  T  L  E  T
I  G  R  A  S  U  D  I  J  A  A  T  O  Z
```

SPORTISTA	POBEDNIK
SUDIJA	GIMNASTIKE
KOŠARKU	SALI
BEJZBOL	GOLF
BICIKL	HOKEJ
PRVENSTVO	IGRA
TRENER	IGRAČ
TIM	POKRET
STADION	TENIS

58 - Actividades

```
L A O T Č V S N G T N F Y Z
K O A P P I M S Y N C O V A
K Z V N B A T P N K A T V G
Š I V E N J E A P И И O E O
P B S L O B O D N O A G Š N
A K T I V N O S T J K R T E
R Z A N A T A Y U I E A I T
R I B O L O V I F N R F N K
U M E T N O S T P T A I A E
K U A K F J F S I E M J L I
B P I G D E K Z N R I E P A
L T S A I I G R E E K V K M
S L I K U J J И J S E N T A
H A C V H B A B P E Y R C S
```

AKTIVNOST
UMETNOST
ZANATA
LOV
KERAMIKE
ŠIVENJE
FOTOGRAFIJE
VEŠTINA

INTERESE
IGRE
ČITANJE
MAGIJA
SLOBODNO
RIBOLOV
SLIKU
ZAGONETKE

59 - Verduras

```
R U R G Y F B E P C Y L Z N
K R A S T A V A C E R U P I
R O T K V I C A И L R K B S
O E A R T I Č O K E A Š M B
M Đ P S M B N O N R И H U F
P U A A S V B R O K O L I N
I M T L Z P M E I H G D P B
R B L A G R A Š K A L B A E
P I I T I D S N J J J U R L
Z R D A G G L G A I I N A I
K A Ž O И E I P G Ć V D D L
O O A T O И N R O J A E A U
K P N И O P A T T G S V J K
Š A R G A R E P A N F E Z Y
```

BELI LUK	ĐUMBIR
ARTIČOKE	REPA
CELER	MASLINA
PATLIDŽAN	KROMPIR
BROKOLI	KRASTAVAC
BUNDEVE	PERŠUN
LUK	ROTKVICA
SALATA	GLJIVA
SPANAĆ	PARADAJZ
GRAŠKA	ŠARGAREPA

60 - Instrumentos Musicales

```
T O B O U U K K F J И P Z G
R V A N F D T L L H P L A I
O M T L F A A Z A A A R A T
M P A R F R M A U R V A L A
B R K C A A B J T M I I C R
O E P V G L U F A O И N R A
N B N R O J R N M N L A E J
I V J D T K A Z H I L L K T
G O N G Ž E Š T U K P M G R
A И V И C O A H P A I T J U
H L V V I O L I N U U J H B
S A K S O F O N M E P P K A
Y N T Z I B U B A N J A Y U
M A N D O L I N A H A R F E
```

HARMONIKA	OBOU
HARFE	TAMBURAŠA
BENDŽO	UDARALJKE
BATAK	KLAVIR
KLARINET	SAKSOFON
FAGOT	BUBANJ
FLAUTA	TROMBON
GONG	TRUBA
GITARA	VIOLINU
MANDOLINA	

61 - Escalada

```
C Y R V I S I N U C V S D M
N S T A B I L N O S T N И D
A A Y V D I F T B O T A Y P
V V P B E O I L U Z E G S P
Y S P L A G Z J K G R E S T
M U P L A N I N A R E N J E
Č I Z M E M Č R A И N И U O
D O K V C A K P A L P E S V
D G T U P I V R O O K K O
G J P M B A U R A O V S A D
R U K A V I C E F R R P T I
P E Ć I N E C V B G E E U Č
A T M O S F E R A M D R T I
K A C I G U P F S R A T T V
```

VISINU
ATMOSFERA
ČIZME
KACIGU
PEĆINE
RADOZNALOST
STABILNOST
USKA
EKSPERT

FIZIČKI
OBUKA
SNAGE
RUKAVICE
VODIČI
POVREDA
MAPA
PLANINARENJE
TEREN

62 - Mascotas

```
G  S  Y  U  L  A  A  Š  V  R  B  S  P  P
L  U  O  K  O  V  R  A  T  N  I  K  O  A
E  K  Š  N  A  A  E  P  Y  G  P  O  V  P
O  N  E  T  Z  N  P  E  C  P  S  R  O  A
Z  Z  G  F  E  H  D  S  S  F  J  N  D  G
J  P  S  H  C  R  G  Ž  V  A  J  J  A  A
V  P  S  K  C  Č  O  N  E  E  P  A  C  J
O  Z  O  R  P  A  L  Z  T  V  A  Č  G  P
D  Z  L  A  J  K  O  Z  A  K  S  A  Z  J
A  E  N  V  V  E  T  E  R  I  N  A  R  M
Z  H  R  A  N  A  R  I  B  E  V  A  I  P
V  S  E  M  M  И  И  Š  T  E  N  E  V  A
T  T  K  A  I  M  A  Č  K  A  J  C  F  F
G  O  C  B  F  Š  S  N  I  Z  A  P  K  R
```

VODA	HRČAK
KOZA	GUŠTER
ŠTENE	PAPAGAJ
REP	ŠAPE
OKOVRATNIK	PAS
HRANA	RIBE
ZEC	MIŠ
POVODAC	KORNJAČA
KANDŽE	KRAVA
MAČKA	VETERINAR

63 - Formas

```
P  K  K  T  R  O  U  G  A  O  Y  B  M  A
O  N  J  R  Z  M  H  F  P  R  I  Z  M  E
L  U  K  U  U  M  S  F  I  V  D  S  S  C
I  V  I  C  E  G  N  C  I  E  R  V  T  I
G  A  P  M  E  N  S  K  O  C  K  A  R  L
O  C  Z  И  Y  A  F  V  A  P  O  N  A  I
N  K  S  A  B  L  E  M  Y  K  K  L  N  N
A  R  K  V  A  D  R  A  T  V  R  U  A  D
Z  N  C  O  Y  R  I  I  I  A  S  I  T  A
P  R  A  V  O  U  G  A  O  N  I  K  V  R
P  I  R  A  M  I  D  E  T  T  A  N  И  E
J  O  B  L  H  I  P  E  R  B  O  L  A  R
I  N  J  N  K  L  I  P  U  G  A  O  T  E
I  Z  V  E  H  Y  E  L  I  P  S  E  И  D
```

LUK	UGAO
IVICE	HIPERBOLA
CILINDAR	STRANA
KRUG	RED
KLIP	OVALNE
KVADRAT	PIRAMIDE
KOCKA	POLIGONA
KRIVE	PRIZME
ELIPSE	PRAVOUGAONIK
SFERI	TROUGAO

64 - Flores

```
A  F  A  L  И  Y  J  O  R  G  O  V  A  N
M  A  S  L  A  Č  A  K  U  Y  R  J  H  L
A  I  L  O  E  V  M  T  Ž  G  H  M  I  A
L  A  T  I  C  A  A  S  A  A  I  A  B  L
V  J  A  S  M  I  N  N  C  R  D  G  I  A
B  M  A  K  A  G  A  C  D  D  E  N  S  B
S  U  N  C  O  K  R  E  T  E  J  O  K  S
D  A  K  J  P  P  Y  K  C  N  A  L  U  M
D  E  T  E  L  I  N  A  L  I  L  I  S  F
I  L  J  P  T  J  Y  O  K  J  I  J  A  B
K  T  P  Z  H  V  И  M  G  A  F  E  N  O
P  A  S  S  I  O  N  F  L  O  V  E  R  Ž
P  L  U  M  E  R  I  J  A  M  B  И  O  U
V  D  C  G  R  A  A  P  O  C  C  I  И  R
```

MAKA
MASLAČAK
GARDENIJA
SUNCOKRET
HIBISKUS
JASMIN
LAVANDE
JORGOVAN
LILI
MAGNOLIJE

DEJZI
ORHIDEJA
PASSIONFLOVER
BOŽUR
LATICA
PLUMERIJA
BUKET
RUŽA
DETELINA
LALA

65 - Astronomía

```
A R Y P G A L A K S I J A O
V F U P M S S K O S M O S P
S P T E H T A T U U R N L S
P V O D L E Z M R L N P K E
L O G G G R V D D O T N A R
A S M N G O E I I R N S S V
N T A R A I Ž K A S A O K A
E T V T A D Đ O A M M Y M T
T B J P E Č E P G M D G N O
E U J P P L E M E S E C E R
U R N T J D I N A J R M B I
M E T E O R R T J N K K O J
R A K E T A L Z Z E M L J E
R R A V N O D N E V N I C A
```

ASTEROID	GALAKSIJA
ASTRONOM	MESEC
NEBO	METEOR
RAKETA	OPSERVATORIJE
SAZVEŽĐE	PLANETE
KOSMOS	SATELIT
POMRAČENJE	ZEMLJE
RAVNODNEVNICA	

66 - Tiempo

```
Y P O T M E S E C A P Z R T
G N G O D I Š N J E R N J I
P O D N E F N O Ć И E K U N
D B T C F P R U O J Y A T F
N P G T D U S V T V P N R K
P L T R E N U T A K Z B O A
S H J A C G V D A R D U P L
V B B N E A O Y J S A D A E
R J T O N И V D R F N U Y N
J S L T I J R U I Y A Ć H D
R U O L J D A N O N S N R A
Z T Č V E T U P L J A O A R
F K N E D E L J A T T S H И
D F S K P V K C P L H T T S
```

SADA	DANAS
PRE	JUTRO
GODIŠNJE	PODNE
GODINA	MESECA
JUČE	MINUT
KALENDAR	TRENUTAK
DECENIJE	NOĆ
DAN	NEDELJA
BUDUĆNOST	VEK
SAT	RANO

67 - Paisajes

```
D A A P S J D Y F J P R L D
O P U S T I N J I E O E A И
L Z L V U L K A N Z L K G G
I T F A K F I И F E U E U D
N A A T N A P A И R O E N H
I U J A E I E A P O S F E G
P E Ć I N E N I И O T M I E
U Š Ć A B G L E Č E R O G J
O I C I P L A Ž A J V Č P Z
U V O D O P A D S G O V O I
L E D E N O G B R E G A E R
U A P A P O S T R V O R Z E
M O R E C R P A R Z N A D E
T U N D R E F D A A A Z Z P
```

VODOPAD	MORE
PEĆINE	PLANINE
PUSTINJI	OAZE
UŠĆA	MOČVARA
GEJZIR	POLUOSTRVO
GLEČER	PLAŽA
LEDENOG BREGA	REKE
OSTRVO	TUNDRE
JEZERO	DOLINI
LAGUNE	VULKAN

68 - Días y Meses

```
N  O  V  E  M  B  A  R  M  A  P  I  B  K
N  Č  P  S  C  C  N  C  E  V  E  P  M  O
E  E  J  E  H  И  H  A  S  G  T  P  I  I
D  T  A  P  A  A  Z  V  E  U  A  N  Y  E
E  V  P  T  Y  H  M  I  C  S  K  E  D  F
L  R  R  E  H  И  D  P  A  T  I  M  P  F
J  T  I  M  P  O  N  E  D  E  L  J  A  K
A  A  L  B  B  K  E  J  U  N  T  U  H  S
G  K  R  A  U  T  O  R  A  K  Y  L  S  U
O  I  A  R  Y  O  U  S  K  N  Y  N  B  B
D  E  C  E  M  B  A  R  J  H  U  E  M  O
I  Y  J  E  H  A  F  E  B  R  U  A  R  T
N  Y  B  G  A  R  A  D  V  D  H  H  R  A
A  F  N  E  T  K  K  A  L  E  N  D  A  R
```

APRIL	JUN
AVGUST	PONEDELJAK
GODINA	UTORAK
KALENDAR	MESECA
DECEMBAR	SREDA
SUBOTA	NOVEMBAR
JANUAR	OKTOBAR
FEBRUAR	NEDELJA
ČETVRTAK	SEPTEMBAR
JUL	PETAK

69 - Chocolate

```
Š  R  L  B  V  K  K  A  L  O  R  I  J  A
I  E  A  U  L  O  P  I  D  D  A  G  J  N
A  E  Ć  Y  F  K  R  U  K  U  S  D  H  T
И  O  T  E  S  O  A  A  J  I  P  A  E  I
И  G  F  Z  R  S  H  M  M  Z  R  M  E  O
T  A  R  S  Z  A  N  A  T  S  K  I  U  K
E  G  Z  O  T  I  Č  N  E  G  V  N  K  S
K  A  K  A  O  P  L  J  G  A  A  V  U  I
S  A  S  T  O  J  A  K  O  O  L  A  S  D
P  E  R  E  C  E  P  T  R  И  I  I  N  A
L  J  S  O  G  C  N  P  K  S  T  D  O  N
K  P  R  M  M  K  A  R  A  M  E  L  K  S
R  T  R  G  D  E  P  L  B  И  T  P  E  A
O  M  I  L  J  E  N  I  S  L  A  T  K  O
```

GORKA	KOKOS
ANTIOKSIDANS	UKUSNO
AROME	SLATKO
ZANATSKI	EGZOTIČNE
ŠEĆERA	OMILJENI
KIKIRIKI	UKUS
KAKAO	SASTOJAK
KVALITET	PRAH
KALORIJA	RECEPT
KARAMEL	

70 - Barbacoas

```
N S Y P C I M K I P B И N U
O A T O R V H P G I I G Z C
Ž L U K K И L O R N B L R O
E A K V R U Ć E E J E A E H
V T A E И R P B T P R D T R
I E M Č D P J R S O P T N O
E F D E S E H U O R F U И Š
P K F R V Y C Č S O A T G T
E U Y A O Z T A P D P O И I
P N I D Ć P H K O I Y Z V L
E B G I E L Y G V C Z M Z J
M U Z I K A P A R A D A J Z
R Y T B P R R Y Ć N Z J A S
N И M T D T M K E E L B R E
```

RUČAK	MUZIKA
VRUĆE	DECA
LUK	ROŠTILJ
VEČERA	BIBER
NOŽEVI	PILE
SALATE	SO
PORODICA	SOS
VOĆE	PARADAJZ
GLAD	LETO
IGRE	POVRĆE

71 - Ropa

```
O U Y K A P U T N U D U D H
H G Y F E O J P V A H F F K
A P R B P J Y A F O K E O O
L I U L V A A M K L B I N Š
J D K U I S I P N N I R T U
I Ž A Z B C Š A L K U F K L
N A V A U S A N D A L E E J
A M I C E O H T S C K Y C A
G E C P Y J Y A U I H И E N
E C E M И Š O L K P L L L Y
D Ž E M P E R O N E P M J T
I R U U B Š A N J L C O A I
K K A P D I Y E A A V D Z G
C T Y N A R U K V I C A D F
```

KAPUT
BLUZA
ŠAL
KOŠULJA
JAKNU
POJAS
OGRLICA
KECELJA
SUKNJA
RUKAVICE

NAKIT
MODA
PANTALONE
PIDŽAME
NARUKVICA
SANDALE
ŠEŠIR
DŽEMPER
HALJINA
CIPELA

72 - Meditación

```
V  I  Z  M  A  R  I  M  L  P  Z  B  O  F
B  I  G  M  I  R  T  U  J  A  T  A  U  T
Y  V  P  E  P  E  I  Z  U  Ž  Z  U  B  C
J  A  S  N  O  Ć  E  I  B  N  P  V  P  A
K  J  A  T  S  K  P  K  A  J  R  Z  L  N
A  T  O  A  M  E  R  A  Z  A  I  A  U  M
T  N  S  L  A  M  I  R  N  O  H  H  B  D
I  V  E  N  T  O  R  S  O  P  V  V  O  A
Š  M  Ć  E  R  C  O  M  S  B  A  A  V  B
I  M  A  U  A  I  D  C  T  L  T  L  S  C
N  I  N  U  N  J  A  D  I  S  A  N  J  E
A  S  J  J  J  A  H  M  И  T  N  O  P  M
N  L  E  O  E  D  N  K  T  A  J  S  Y  K
И  I  P  O  K  R  E  T  R  V  E  T  Z  N
```

PRIHVATANJE
PAŽNJA
LJUBAZNOST
MIRNO
JASNOĆE
SAOSEĆANJE
EMOCIJA
ZAHVALNOST
MENTALNE
UM

POKRET
MUZIKA
PRIRODA
POSMATRANJE
MIR
MISLI
STAV
DISANJE
TIŠINA

73 - Libros

```
K O N T E K S T S U T J U R
D R N S H F P O E Z I J E O
U M A N J U Y F D F S P M M
H C R C A Z S P Z M T P O A
O E A O D P E S M A O I T N
V Č T U V N I F S T R A N A
I I O K O Y P S P R I Č A E
T T R K J F L Y A L J E U M
S A V A N T U R A N S S T S
И Č L T O L D M И A K C O B
K C O H S E R I J A I L R G
N D Z V T K N J I Ž E V N E
R E L E V A N T N O U F P Z
I N V E N T I V N I O K N G
```

AUTOR
AVANTURA
KONTEKST
DVOJNOST
NAPISAN
PRIČA
ISTORIJSKI
DUHOVIT
INVENTIVNI

ČITAČ
KNJIŽEVNE
NARATOR
ROMAN
STRANA
RELEVANTNO
PESMA
POEZIJE
SERIJA

74 - Nutrición

```
Ž  J  B  Y  I  I  S  V  V  P  V  O  J  U
F  I  S  B  A  O  O  J  L  T  A  P  E  D
J  E  T  J  I  A  S  N  N  E  V  P  S  B
I  U  R  A  V  N  O  T  E  Ž  E  N  T  И
И  U  O  M  R  A  P  E  T  I  T  F  I  B
P  R  O  T  E  I  N  A  Y  N  K  U  V  Z
Z  D  R  A  V  N  C  H  Z  A  A  O  O  D
J  K  V  A  L  I  T  E  T  S  L  T  L  R
U  M  I  S  N  R  P  A  G  G  O  R  K  A
K  K  P  Y  A  G  J  R  C  A  R  O  R  V
Y  P  U  Y  V  A  H  M  A  I  I  V  J  L
И  L  M  S  I  V  A  R  E  N  J  E  N  J
G  Z  И  I  K  D  I  J  E  T  A  E  И  E
O  T  H  H  E  T  E  Č  N  O  S  T  I  И
```

GORKA
APETIT
KVALITET
KALORIJA
ŽITARICE
JESTIVO
DIJETA
VARENJE
URAVNOTEŽEN
FERMENTACIJE

NAVIKE
TEČNOSTI
TEŽINA
PROTEINA
UKUS
SOS
ZDRAVLJE
ZDRAV
OTROV

75 - Edificios

```
Š  K  O  L  A  Z  B  M  O  S  S  U  K  L
V  U  P  L  G  Y  F  K  G  U  T  E  P  A
F  A  B  R  I  K  E  C  G  P  A  A  L  B
A  M  I  O  H  O  T  E  L  E  D  P  N  O
G  O  N  A  L  L  M  J  M  R  I  O  A  R
V  A  P  M  D  N  B  D  F  M  O  Z  M  A
R  V  R  B  V  G  I  G  M  A  N  O  B  T
H  U  Y  A  R  F  O  C  M  R  Z  R  A  O
D  N  C  S  Ž  F  S  L  A  K  O  I  R  R
Z  A  M  A  K  A  K  H  B  E  N  Š  R  I
T  J  U  D  I  F  O  F  P  T  V  T  N  J
P  N  Z  E  A  B  P  R  S  A  S  E  I  A
M  F  E  F  A  R  M  I  K  U  L  A  S  E
G  R  J  Z  K  H  O  S  T  E  L  G  L  Z
```

HOSTEL	AMBAR
STAN	FARMI
ZAMAK	BOLNICA
BIOSKOP	HOTEL
AMBASADE	LABORATORIJA
ŠKOLA	MUZEJ
STADION	SUPERMARKETA
FABRIKE	POZORIŠTE
GARAŽA	KULA

76 - Océano

```
И M A O O S T R I G A J A A
Z A A D L T T S H P L P J D
J K P Z O U Š K A M P I K M
D E L F I N J R I B E I U E
P Y I S P A J A L G E И L D
J D M V U U A B R V R G A U
H A E F R N Č A M A C P P Z
V B C D I J Đ F P S A A Z A
P Y H Y J K A E G O I I S H
K O R N J A Č A R A I K H D
H O B O T N I C E E P Z I D
D B I M A P I O B O E G U T
V U R Z O G U J E G U L J A
E K O R A L Y U N P N G M G
```

ALGE	SUNĐER
JEGULJA	PLIME
GREBEN	MEDUZA
TUNA	OSTRIGA
KIT	RIBE
ČAMAC	HOBOTNICE
ŠKAMPI	SO
KRABA	AJKULA
KORAL	OLUJA
DELFIN	KORNJAČA

77 - Ciudad

```
B I O S K O P E O S P Y B A
Y M Z O O V R T U U O Š I E
H P B A N K E F N P Z K B R
O Y O B I L S U I E O O L O
P A E Y Z I E S V R R L I D
A E D K T N L T E M I A O R
P C K N J I Ž A R A Š T T O
O U V A J C C D Z R T R E M
T F I E R I M I I K E Ž K U
E S O A Ć A H O T E L I E Z
K U V T P A M N E T G Š M E
E T I V A A R J T A E T Z J
P R O D A V N I C A U E T F
F U G G A L E R I J A E P V
```

AERODROM
BANKE
BIBLIOTEKE
BIOSKOP
KLINICI
ŠKOLA
STADION
APOTEKE
CVEĆAR
GALERIJA

HOTEL
KNJIŽARA
TRŽIŠTE
MUZEJ
PEKARA
SUPERMARKETA
POZORIŠTE
PRODAVNICA
UNIVERZITET
ZOO VRT

78 - Conservación

```
L O V O D A F C R O S L S B
И D R K I O P I U L M T T I
B R I G A T E K Z Z A C A C
L Ž O A A L K L K D N U N O
Y I F K N N O U R R J Y I B
Z V Y C J O S S E A I P Š R
E A R P C Z I K C V T R T A
L K G M P G S J I L I I E Z
E S O A M A T G K J D R A O
N U A L Đ I E Z L E B O S V
O L V J O E M L I D И D C A
K L I M A Š N И R N P N I N
M S G V S A K J A E J O Y J
H U N A T O U A A P O C P E
```

VODA
EKOLOŠKA
CIKLUS
KLIMA
ZAGAĐENJA
EKOSISTEM
OBRAZOVANJE
STANIŠTE

PRIRODNO
ORGANSKI
BRIGA
RECIKLIRA
SMANJITI
ZDRAVLJE
ODRŽIV
ZELEN

79 - Exploración

```
S  J  P  U  C  P  H  O  O  D  L  N  A  I
E  V  S  B  H  И  R  P  T  B  P  Z  P  S
И  N  E  B  O  I  A  A  K  T  D  T  Z  C
P  C  И  M  T  Z  B  S  R  E  A  J  O  R
B  I  O  H  I  P  R  A  I  R  L  V  K  P
F  R  I  R  Z  R  O  N  Ć  E  E  R  U  L
I  H  D  U  G  R  S  N  E  N  K  G  L  J
P  N  J  V  A  K  T  I  V  N  O  S  T  E
D  I  V  L  J  A  J  H  B  O  J  E  U  N
Y  D  U  Z  B  U  Đ  E  N  J  E  I  R  O
N  E  P  O  Z  N  A  T  Z  N  Z  A  A  S
Ž  I  V  O  T  I  N  J  E  I  O  A  A  T
P  U  T  O  V  A  T  I  D  B  K  V  C  E
O  D  R  E  Đ  I  V  A  N  J  E  M  A  V
```

AKTIVNOST
ISCRPLJENOST
ŽIVOTINJE
HRABROST
KULTURA
NEPOZNAT
OTKRIĆE
ODREĐIVANJE
DALEKOJ

UZBUĐENJE
SVEMIR
JEZIK
NOVA
OPASAN
DIVLJA
TEREN
PUTOVATI

80 - Campeonato

```
J O И И S H T Z F K S P M I
A D D R И E U S I O T U O Z
P S F B R F R P N M R A T D
N A S T U P N O A J A J I R
I J N T P R I R L L T N V Ž
L O P Z G V R T I I E A A L
K I J N C A A I S G G S C J
Y H B O E K Z M T A I U I I
F M L J G J V B A I J D J V
P R V E N S T V O G U I A O
P R Z N H И E P D R F J Y S
F R P J G T P O B E D A G T
U И M E D A L J A V P H E I
T R E N E R H Z J P И P T G
```

PRVENSTVO
PRVAK
SPORT
TRENER
TIM
STRATEGIJU
FINALISTA
IGRE
SUDIJA

LIGA
MEDALJA
MOTIVACIJA
NASTUP
IZDRŽLJIVOSTI
TURNIR
ZNOJENJE
POBEDA

81 - Actividades y Ocio

```
F  V  R  P  L  I  V  A  N  J  E  J  B  B
J  G  O  L  F  J  H  I  Y  U  D  H  O  A
D  A  N  K  A  M  P  O  V  A  N  J  E  Š
F  H  J  G  G  R  E  H  B  O  K  S  S  T
B  B  E  A  J  Z  I  A  Y  I  P  И  U  O
T  E  N  I  S  H  Z  B  O  P  J  I  R  V
U  J  J  P  V  U  C  C  O  A  M  E  F  A
C  Z  E  M  E  M  B  F  H  L  U  E  O  N
P  B  P  E  S  E  O  A  N  U  O  F  V  S
S  O  P  U  Š  T  A  J  U  Ć  E  V  A  T
P  L  A  N  I  N  A  R  E  N  J  E  N  V
И  B  I  R  A  O  F  U  D  B  A  L  J  O
S  K  N  K  E  S  E  I  A  K  L  A  E  H
B  I  K  P  U  T  O  V  A  T  I  S  B  H
```

HOBIJE	PLIVANJE
UMETNOST	RIBOLOV
BEJZBOL	SLIKU
BOKS	OPUŠTAJUĆE
RONJENJE	PLANINARENJE
KAMPOVANJE	SURFOVANJE
FUDBAL	TENIS
GOLF	PUTOVATI
BAŠTOVANSTVO	

82 - Comida #1

```
B U L T Z A T L P O I Š G M
O O D J C L P B G Y T E A G
И I S U D A S O K H F Ć M S
S S U I L I M U N S Z E P R
A J P K L C I M E T O R I E
L A A T V J A G O D A A P D
A M E S A E A M L E K A R L
T U N A M Č D K R U Š K E U
A I A A G A T B E L I L U K
F A N B L M R D P H J И M J
J M E A P V E M A V Y E V Y
Š A R G A R E P A A H D V D
P A Y И T N S P A N A Ć L S
Y P A U N F L G D C B G L V
```

BELI LUK	JAGODA
BOSILJAK	SOK
TUNA	MLEKA
ŠEĆERA	LIMUN
CIMET	NANE
MESA	REPA
JEČAM	KRUŠKE
LUK	SO
SALATA	SUPA
SPANAĆ	ŠARGAREPA

83 - Virtudes #1

```
Š  I  U  N  P  M  P  O  U  Z  D  A  N  D
A  N  M  R  E  R  R  A  D  O  Z  N  A  O
R  T  E  N  D  Z  A  P  C  C  V  G  A  B
M  E  T  P  R  C  A  K  N  I  J  I  Z  R
A  L  N  E  G  J  R  V  T  A  J  C  A  O
N  I  I  A  I  R  D  C  I  I  T  E  D  P
T  G  Č  I  S  T  S  C  P  S  Č  A  N  E
A  E  K  S  K  R  O  M  A  N  N  N  L  T
N  N  E  K  S  Z  E  Y  J  L  O  A  E  R
P  T  F  J  M  U  D  A  R  A  S  L  A  P
D  A  G  V  E  L  I  K  O  D  U  Š  A  N
Z  N  R  N  Š  E  F  I  K  A  S  A  N  Z
И  T  J  Z  N  K  O  R  I  S  N  O  M  L
V  A  O  J  O  D  L  U  Č  U  J  U  Ć  I
```

UMETNIČKE
DOBRO
RADOZNAO
ODLUČUJUĆI
EFIKASAN
ŠARMANTAN
POUZDAN
VELIKODUŠAN
SMEŠNO

NEZAVISNA
INTELIGENTAN
ČIST
SKROMAN
PACIJENT
PRAKTIČNE
MUDAR
KORISNO

84 - Literatura

```
S  K  Z  P  E  S  N  I  Č  K  E  K  L  S
F  H  A  N  A  L  I  Z  A  K  И  I  R  T
I  F  K  И  O  F  V  N  Y  H  R  J  N  I
K  A  L  R  D  D  I  J  A  L  O  G  Z  L
C  T  J  G  J  M  G  И  J  R  I  T  A  M
I  Y  U  G  K  P  E  S  M  A  A  D  R  S
J  F  Č  N  R  F  A  T  T  T  G  T  B  F
A  N  A  L  O  G  I  J  A  E  Y  K  O  L
P  B  K  D  M  P  K  G  U  F  M  S  I  R
G  Z  A  P  A  A  U  T  O  R  O  A  E  E
A  F  B  T  N  H  L  S  И  V  P  R  B  U
A  N  E  G  D  O  T  A  E  T  I  I  A  P
Y  P  O  R  E  Đ  E  N  J  E  S  M  Y  G
B  I  O  G  R  A  F  I  J  A  A  E  K  A
```

ANALOGIJA	FIKCIJA
ANALIZA	METAFORA
ANEGDOTA	NARATOR
AUTOR	ROMAN
BIOGRAFIJA	PESMA
POREĐENJE	PESNIČKE
ZAKLJUČAK	RIME
OPIS	RITAM
DIJALOG	TEMA
STIL	

85 - Baño

```
M G C H Y T U Š R U V O D A
A И F C T N O M U G C G V V
P E Š K I R S A P U N L P I
A N O L N A J K L V S E A I
R Z O V S L F A E E E D R Y
F P F O Z O N Z L N T A E N
E U Y H S S R E C S T L R L
M E H U R I Ć A E U E O P F
K U P K A O Š F E N P C E F
S L A V I N A N L Đ I Z G L
R M C O F И M E Y E H B A D
M A S R P A P G U R F B H H
D D R I S Z O M G K L G N L
K K F Y A G N И P T E E R P
```

VODA
TEPIH
TOALET
KUPKA
MEHURIĆA
ŠAMPON
TUŠ
OGLEDALO

SUNĐER
SLAVINA
SAPUN
LOSION
PARFEM
MAKAZE
PEŠKIR
PARE

86 - Clima

```
O  I  P  H  S  B  D  N  K  B  U  M  L  И
P  B  O  P  N  L  M  E  I  T  R  U  И  P
O  D  L  J  I  G  L  B  H  R  A  N  P  I
V  A  A  A  P  R  K  O  L  O  G  J  T  B
E  P  R  A  K  M  O  P  E  P  A  E  J  T
T  V  N  R  P  L  K  K  D  S  N  И  D  O
A  E  I  И  L  J  G  K  T  K  U  B  И  R
R  T  S  K  Y  A  C  E  E  E  И  Š  J  N
A  A  Z  И  L  V  N  D  O  G  B  P  E  A
C  R  A  B  H  I  P  O  P  L  A  V  A  D
M  O  N  S  U  N  M  A  G  L  A  I  S  O
I  O  L  U  J  A  H  A  N  C  И  H  U  S
A  V  И  V  A  E  K  C  V  C  R  B  P  Z
Y  G  F  A  T  M  O  S  F  E  R  A  P  H
```

ATMOSFERA
POVETARAC
NEBO
KLIMA
LED
URAGAN
POPLAVA
MONSUN
MAGLA
OBLAK

POLARNI
MUNJE
SUVA
SUŠE
OLUJA
TORNADO
TROPSKE
GRMLJAVINA
VETAR

87 - Comida #2

```
N N G T P U D J A B U K A P
B M V M V A Č O K O L A D A
O A G P Z D J G C E L E R R
O И N O P E V U P P E D B A
B U Z A A R L R C F I H A D
A D P M N H T T E J U L D A
P Đ V V A E V I Š N J E E J
S U N C O K R E T S T B M Z
O M H O S I J A J E I G S И
O B C R U V P K K G G R P U
E I E И P I R I N A Č O Y И
F R P Š E N I C E T E Ž C H
A R T I Č O K E L U O Đ N S
D Z R D P A T L I D Ž A N U
```

ARTIČOKE
BADEM
CELER
PIRINAČ
PATLIDŽAN
VIŠNJE
ČOKOLADA
SUNCOKRET
JAJE
ĐUMBIR

KIVI
JABUKA
HLEB
BANANE
PILE
SIR
PARADAJZ
PŠENICE
GROŽĐA
JOGURT

88 - Castillos

```
K D Z A U P Z U V O J N D O
O R J J R P T A K J E P I K
N M A Č C A G N F T D S N L
J M J L G A V O E K N V A O
Š T I T J C R E Y U O I S P
K L S F H E A S Y L R T T A
A U C G D Y V L T A O E I L
T P T D S N S S C V G Z J A
A K R U N U R M T E A M E T
P R I N C E Z A P V F A N A
U J K I K A A F G R O J P Z
L B P H P L E M E N I T I I
T V R Đ A V A O O J K N O D
N F E U D A L N O B T V C F
```

OKLOP
VITEZ
KONJ
KATAPULT
KRUNU
DINASTIJE
ZMAJ
ŠTIT
MAČ
FEUDALNO

TVRĐAVA
CARSTVA
PLEMENITI
PALATA
ZID
PRINCEZA
PRINC
KRALJEVSTVO
KULA
JEDNOROG

89 - Arte

```
P O E Z I J E K A F S E P E
S R A S P O L O Ž E N J E J
K K S T V O R I T I U I A L
E S U N A D R E A L I Z A M
R A S L I Č N I R I O R C J
A S T F P P N T I N R A G G
M T И E T T P P S I Z L F
I A N V M Y U O K P G L D Y
Č V A P C A U R R I I M K H
K D P K T N J T E R N L И L
E S I M B O L R N I A H F S
Y R Z V N P H E U S L I K E
U V S R V M D T S A N Z A D
K O M P L E K S J N E Y J E
```

KERAMIČKE
KOMPLEKS
SASTAV
STVORITI
SKULPTURE
IZRAZ
ISKREN
RASPOLOŽENJE
INSPIRISAN

ORIGINALNE
LIČNI
SLIKE
POEZIJE
PORTRET
SIMBOL
NADREALIZAM
TEMA

90 - Herboristería

```
F A P И P D C F S E A B B B
K R E S S S Y C J N T D E O
A F R M B A Š T A A N H L S
T D Š V C S V Š I N И Z I I
U K U S A T S P A E Y B L L
M L N I A O P I K F C I U J
E A B I L J K A Y H R V K A
S V J K V A L I T E T A E K
T A Z O P K O M O R A Č N T
R N E A R O M A T I Č N O J
A D L U L A R U Z M A R I N
G E E J A N N B C A U G T L
O T N L K U L I N A R S K E
N Z M I R O Đ I J A S И F L
```

BELI LUK
BOSILJAK
AROMATIČNO
ŠAFRAN
KVALITET
KULINARSKE
MIRODIJA
ESTRAGON
CVET
KOMORAČ

SASTOJAK
BAŠTA
LAVANDE
MAJORAN
NANE
PERŠUN
BILJKA
RUZMARIN
UKUS
ZELEN

91 - Verano

```
O  C  S  G  L  И  P  T  K  J  S  R  D  D
U  D  D  H  P  P  U  Z  N  L  L  J  Z  B
И  A  M  И  I  S  T  A  J  U  O  S  N  A
D  O  O  O  G  E  O  S  I  F  B  J  B  Š
S  R  R  U  R  Ć  V  C  G  P  O  B  V  T
R  A  E  Z  E  A  A  A  E  U  D  A  K  A
H  И  N  M  K  N  T  M  F  R  N  M  Y  I
D  H  E  D  P  J  I  Y  S  A  O  U  Y  P
S  G  R  E  A  A  V  N  Y  D  S  Z  I  L
K  U  Ć  A  N  L  P  O  R  O  D  I  C  A
I  I  A  Y  N  J  E  P  A  S  Y  K  S  Ž
И  P  Y  J  Y  A  B  Y  L  T  И  A  O  A
Z  V  E  Z  D  E  R  O  N  J  E  N  J  E
Y  K  R  E  L  A  K  S  A  C  I  J  A  C
```

RADOST	MORE
RONJENJE	MUZIKA
HRANA	SLOBODNO
ZVEZDE	PLAŽA
PORODICA	SEĆANJA
KUĆA	RELAKSACIJA
BAŠTA	SANDALE
IGRE	ODMOR
KNJIGE	PUTOVATI

92 - Insectos

```
T E R M I T C A M D S L P C
B Z R P И B U V A O P K V D
Z M F M И U Š O R S L H U N
J R O A И B I I R Č G J P I
F A S N V A R Z N N C G A D
R V A T U M E V S J P I U C
L O U I C A N S L A F U G C
S E Y S D R I L E P T I R K
H S P V M A H G D Č H H C O
B U B A Š V A B A E A K R M
B H S I K A E F R L A R V A
U S T R Š L J E N A H B E R
B S K A K A V A C U M C I A
A V I L I N K O N J I C A C
```

PČELA
OSA
STRŠLJENA
UŠIRENIH
CVRČCI
BUBAŠVABA
BUBA
CRV
MRAV
LARVA

VILIN KONJIC
MANTIS
LEPTIR
BUBAMARA
KOMARAC
MOLJAC
BUVA
SKAKAVAC
TERMIT

93 - Especias

```
Đ U M B I R K A R D A M O M
V A N I L E L N Y S B O G J
G V L F K T I I J Y U P O E
L P O U K U S S L A T K O P
P P B J K S O A G B C I L C
Š A F R A N K K O M O R A Č
E Z O Y Y R U N R S F A C I
T B C Z И V M S K И R L R O
M Z I P O D I N A H H K N S
K G B B I A N B E L I L U K
C A Y K E P A P R I K A I H
P E R O И R S L A D I Ć E L
T L J I K A R A N F I L I Ć
R K I S E L O C I M E T S K
```

KISELO	KARI
BELI LUK	SLATKO
GORKA	KOMORAČ
ANISA	ĐUMBIR
ŠAFRAN	PAPRIKA
CIMET	BIBER
KARDAMOM	SLADIĆE
LUK	UKUS
KARANFILIĆ	SO
KUMIN	VANILE

94 - Emociones

```
R E L J E F V S S I K L B N
M B L L B F H P T D G J L E
O P U Š T E N O R T P U A Ž
H P P S S K V K A U U B Ž N
S A D R Ž A J O H G E A E O
G A O B Z Z G J C A S Z N S
R J S A S R A M O T A N S T
B D A B E S M H M Y S O T L
H U D E J T И C V I B S V J
Y R E M I R Y O Y A R T O U
Z A D O V O L J A N L N B B
R A D O S T Y I A A U A O A
I Z N E N A Đ E N J E R N V
S I M P A T I J E K U T Y C
```

DOSADE
ZAHVALAN
RADOST
RELJEF
LJUBAV
SRAMOTA
BLAŽENSTVO
LJUBAZNOST
MIRNO
SADRŽAJ

BES
STRAH
MIR
OPUŠTENO
ZADOVOLJAN
SIMPATIJE
IZNENAĐENJE
NEŽNOST
SPOKOJ
TUGA

95 - Mediciones

```
M V O L U M E N G L И S P S
И A S D P P P V T M E T A R
U M S V D U Ž I N A M E P S
И R A E A D C S A G L P S U
T O N A И J B I P I C E L C
K G R A M Z K N N I N N E E
I R Z K A Z T A V J G Č L N
L M P I U Š I R I N A V A T
O M A L E N Z G И B A J T I
M I K O D E C I M A L N E M
E N P G D S A A P R I L C E
T U U R D U B I N A T P C T
A T D A O V V J A R A A I A
R U H M T E Ž I N A R N P R
```

VISINA	DUŽINA
ŠIRINA	MASE
BAJT	METAR
CENTIMETAR	MINUT
DECIMALNE	UNCA
STEPEN	TEŽINA
GRAM	DUBINA
KILOGRAM	INČA
KILOMETAR	TONA
LITAR	VOLUMEN

96 - Barcos

```
J R P A И U K J M D A U U J
A Z T P F M O R E O A C T E
H Y S L R O N E K K T P R D
T R S I D R O K O E M O P R
E P И M I N P E S A E M R I
D O P E K A A Z H N A O R L
И S P J H R C T I E P R Z I
J A N A U T I Č K I H S B C
E D P R G R A K A J A K O A
Z E P B D A R N N C G E V A
E D A O D J D R U И S J A L
R K C L R E S P L A V L P A
O M N P R K J Y K I F A F Y
N B P E V T E Z V A C N R P
```

SIDRO

SPLAV

BOVA

KANU

KONOPAC

TRAJEKT

KAJAK

JEZERO

MORE

PLIME

MORNAR

POMORSKE

JARBOL

MOTOR

NAUTIČKIH

OKEAN

REKE

POSADE

JEDRILICA

JAHTE

97 - Antártida

```
P T I C E M B E J U U U Y E
O P K P L I H S A R O K I K
L B L Z Y G C T F Z Č P S S
U O L E A R V E E R U I T P
O D E A D A P M V J V N R E
S T J H C C B P E L A G A D
T K O N T I N E N T N V Ž I
R A O Y S J P R N U J I I C
V G L E Č E R A B A E N V I
O O S T R V A T F A U I A J
R B M И F N J U A V E Č Č E
C И D K O C R U A P L N F
M I N E R A L A N H E L D E
G E O G R A F I J E V O D A
```

VODA
BEJ
NAUČNE
OČUVANJE
KONTINENT
EKSPEDICIJE
GEOGRAFIJE
GLEČERA
LED
ISTRAŽIVAČ

OSTRVA
MIGRACIJE
MINERALA
OBLACI
PTICE
POLUOSTRVO
PINGVINI
ROKI
TEMPERATURA

98 - Piratas

```
B A V A N T U R A N C C I P
L G L I B P И O P K P A E A
A L O Y I D D S F O O U S P
G G E L O Š E T P M A P A A
O P T G И A P R P P A L O G
K T P A E C J V E A Y A P A
T A K A M N O O Ć S R Ž A J
L M O M O T D K I O U A S M
V I V F K O D A N Ž M P N A
Z L A T O A Z P E I R O O Č
I N N D E S L E A L Y S S M
S S I D R O K T J J R A T R
N B C Z A S T A V A U D F P
E F E M B U A N U K Y E B Y
```

SIDRO	PAPAGAJ
AVANTURA	LOŠE
ZASTAVA	MAPA
KOMPAS	KOVANICE
KAPETAN	ZLATO
OŽILJAK	OPASNOST
PEĆINE	PLAŽA
MAČ	RUM
OSTRVO	BLAGO
LEGENDA	POSADE

99 - Mamíferos

```
E A T M P O M A G A R A C S
M K U L A Z E B R A J C S J
E A O F S Č H L G O R I L A
K O J O T A K H J V K И O I
J B J V E U M A A C O L N Y
P P N L C F Z V K E N G U R
T G D P И J E N M K J M H D
M R C U M L C S Ž I R A F A
E L R И T И P P B И Y J A K
D C D P K T P U C N V M L V
V U K A M I L E V И P U И D
E Z C V K C T Y A B S N И T
D E L F I N N L I S I C A O
S M A Z V O O V U P E K A Z
```

KIT   MAČKA
MAGARAC   GORILA
KONJ   ŽIRAFA
KAMILE   VUK
KENGUR   MAJMUN
ZEBRA   MEDVED
ZEC   OVCE
KOJOTA   PAS
DELFIN   BIK
SLON   LISICA

100 - Abejas

```
E  N  H  K  H  P  L  D  C  Z  M  S  G  E
V  K  O  P  R  A  Š  I  V  A  Č  Z  A  G
I  R  O  J  R  A  I  M  E  P  Z  A  N  O
I  I  U  S  O  G  L  S  Ć  L  O  F  S  R
H  L  H  B  I  I  E  J  E  R  A  L  T  A
V  A  Z  A  F  S  G  B  I  L  J  K  E  Z
B  A  Š  T  A  U  T  Y  E  C  D  O  B  N
V  O  Ć  E  A  U  K  E  V  V  A  A  M  O
I  N  S  E  K  T  O  I  M  E  D  I  H  L
K  I  U  L  M  O  Š  A  L  T  A  C  R  I
G  L  N  J  B  V  N  V  P  V  O  S  A  K
P  A  C  K  O  R  I  S  T  A  N  P  N  O
R  G  E  J  C  C  C  P  K  P  C  B  A  S
G  H  S  A  M  J  E  H  L  И  S  A  V  T
```

KRILA	VOĆE
KORISTAN	DIM
VOSAK	INSEKT
KOŠNICE	BAŠTA
HRANA	MED
RAZNOLIKOST	BILJKE
EKOSISTEM	POLEN
ROJ	OPRAŠIVAČ
CVET	KRALJICA
CVEĆE	SUNCE

1 - Ajedrez

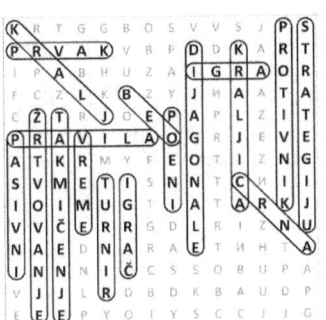

2 - Agua

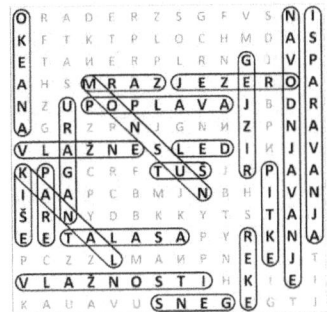

3 - Granja #2

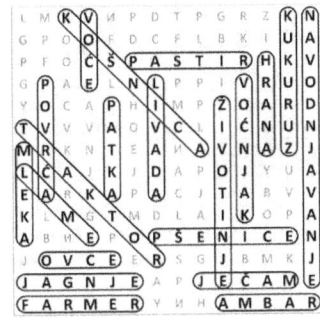

4 - Mueble

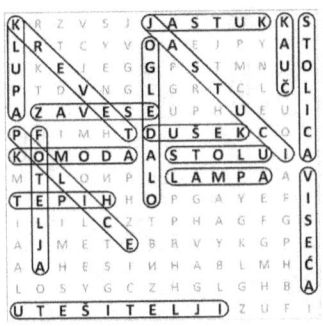

5 - Pesca

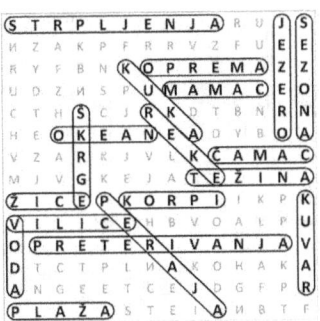

6 - Aviones

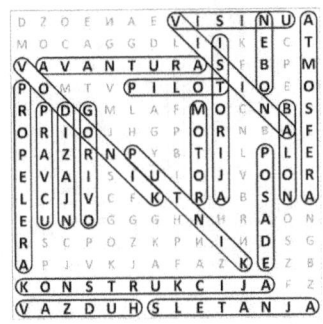

7 - Tipos de Cabello

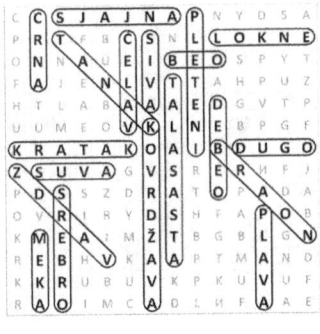

8 - Ciencia Ficción

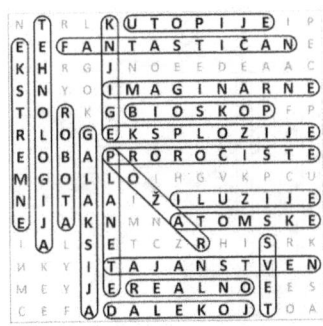

9 - Juguetes

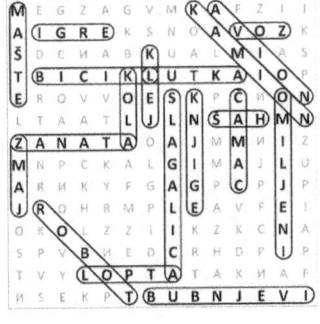

10 - Circo

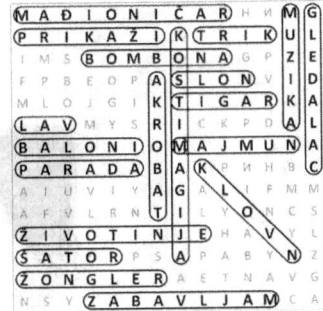

11 - Rellenar

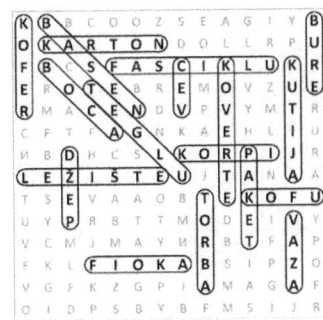

12 - Granja #1

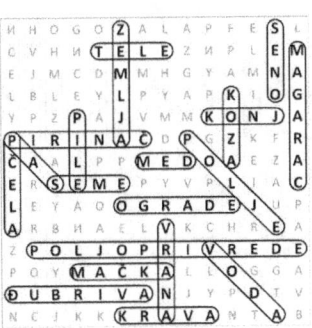

13 - Camping

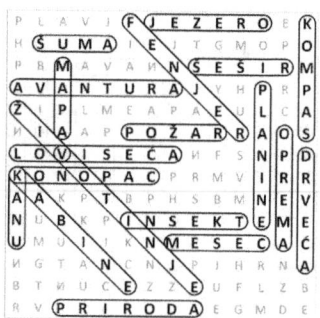

14 - Fruta

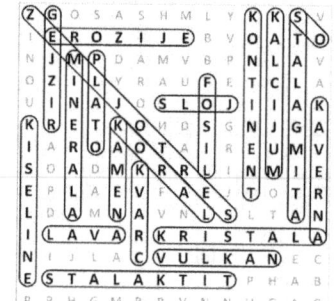

15 - Geología

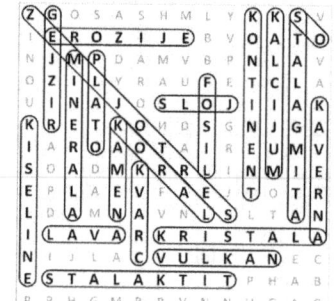

16 - Plantas

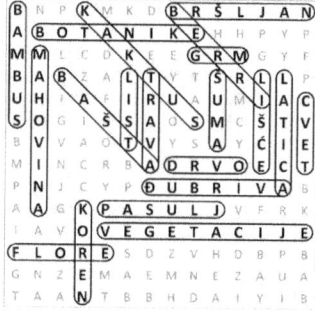

17 - Suministros de Arte

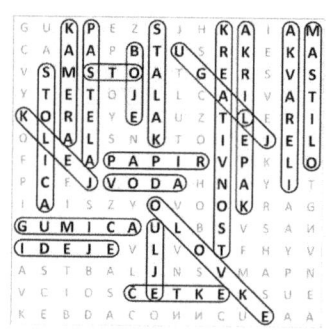

18 - Jardín

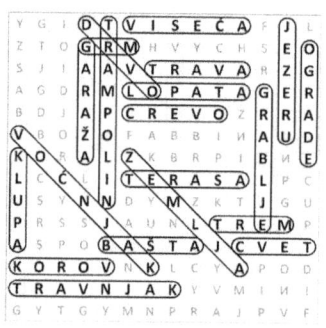

19 - Países #2

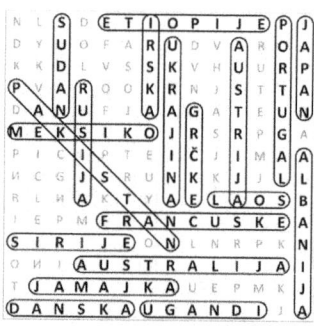

20 - Tecnología

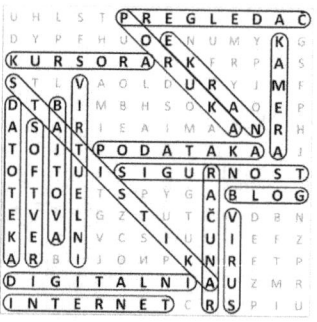

21 - Números

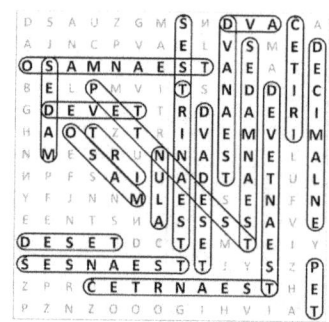

22 - Mitología

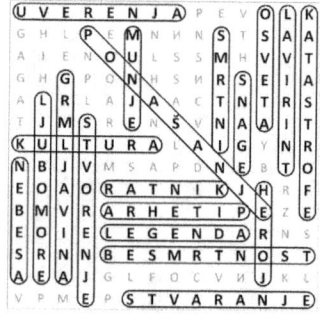

23 - Ecología

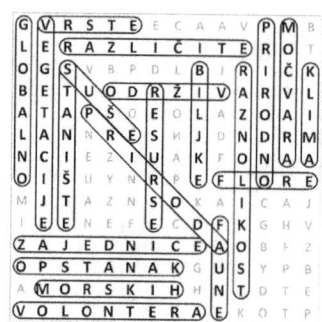

24 - Casa

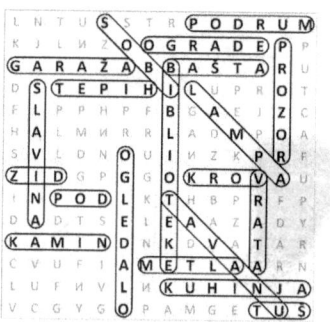

25 - Artes Visuales

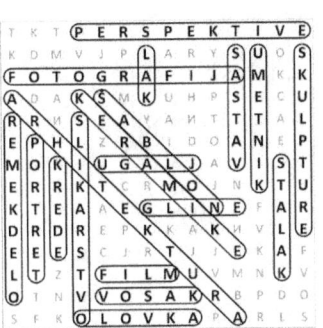

26 - Escuela #2

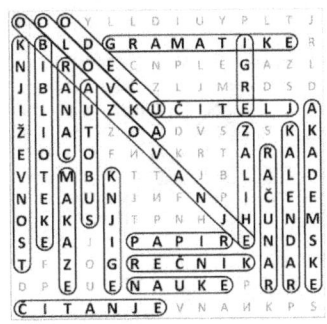

27 - Selva Tropical

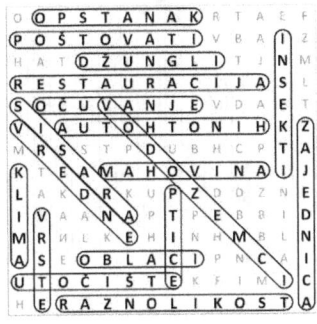

28 - Colores

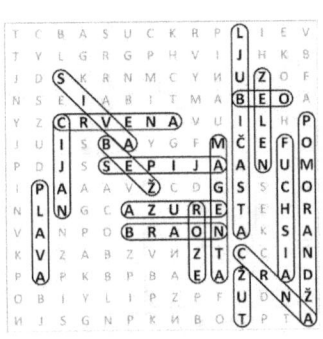

29 - Adjetivos #1

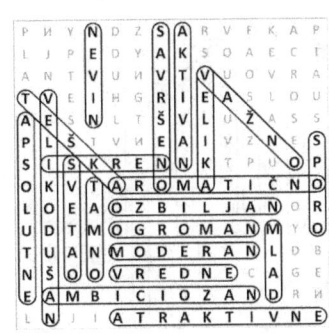

30 - Familia

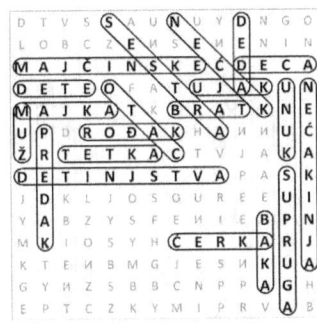

31 - Disciplinas Científicas

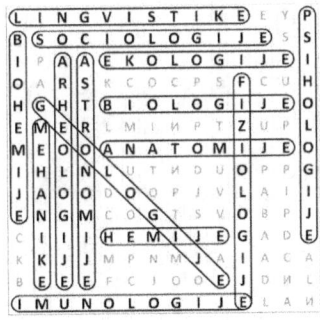

32 - Gatos

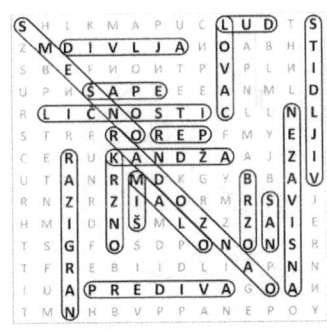

33 - Cocina

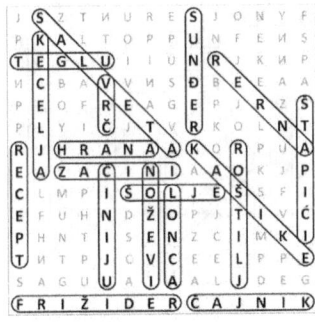

34 - Escuela #1

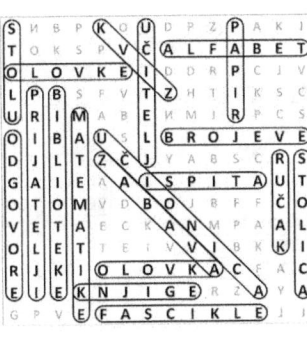

35 - Adjetivos #2

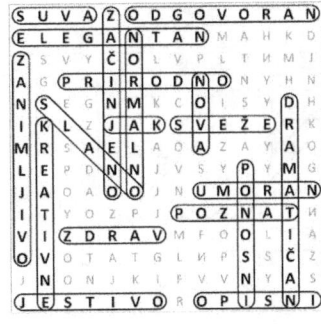

36 - Cuerpo Humano

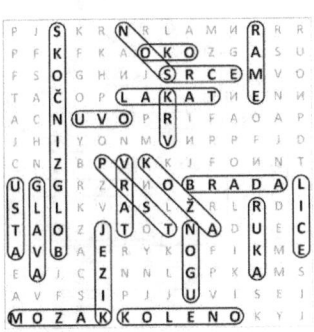

37 - Ciencia

38 - Dinosaurios

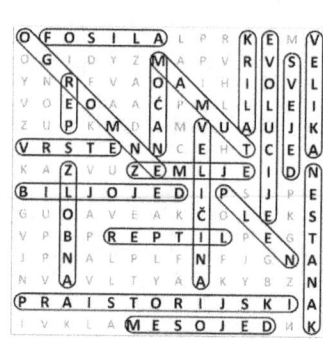

39 - Restaurante #2

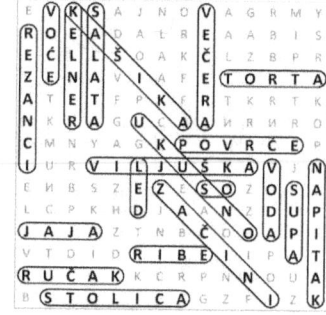

40 - Profesiones #1

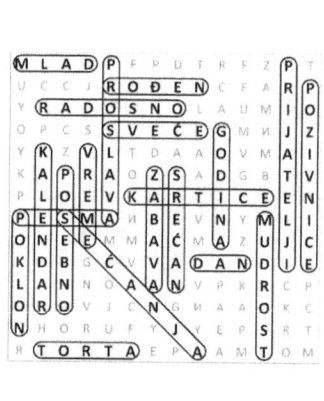

41 - Vehículos

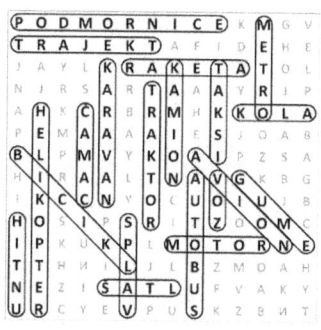

42 - Vacaciones #2

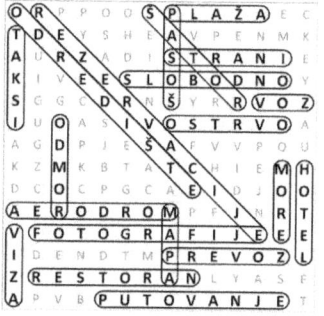

43 - Cumpleaños

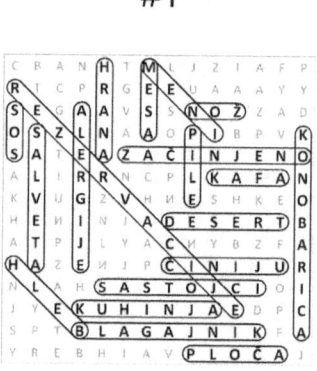

44 - Baile

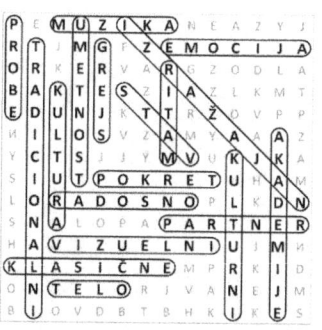

45 - Matemáticas

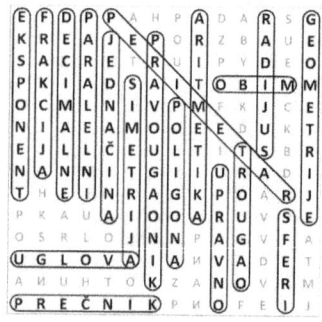

46 - Restaurante #1

47 - Profesiones #2

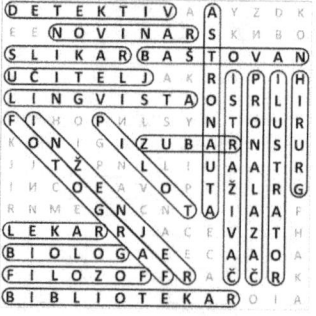

48 - Senderismo

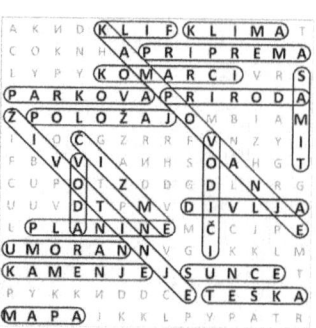

49 - Naturaleza

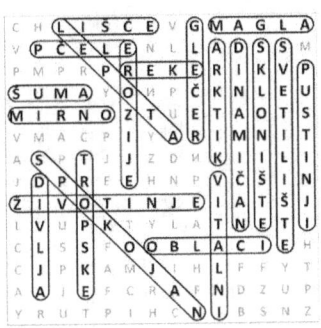

50 - Conduciendo

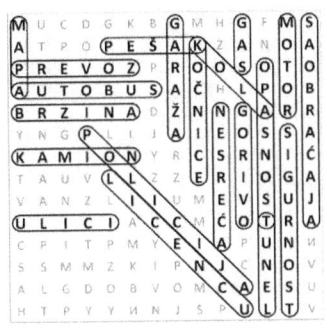

51 - Ballet

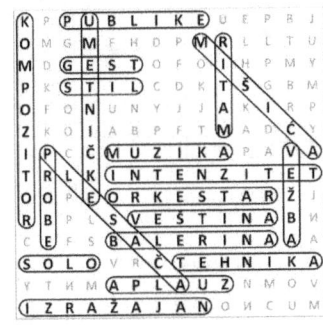

52 - Aventura

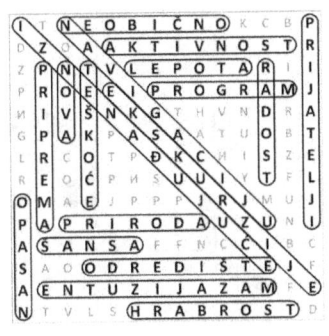

53 - Pájaros

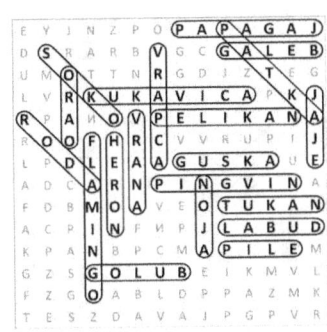

54 - Playa

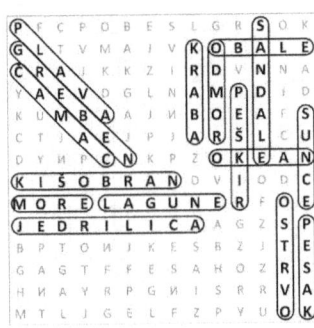

55 - Surf

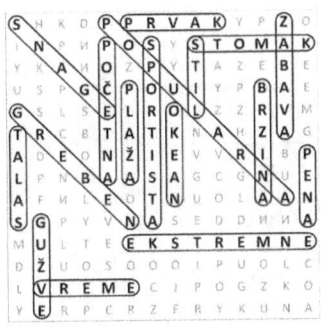

56 - Geografía

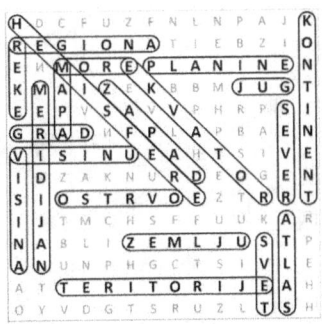

57 - Deportes

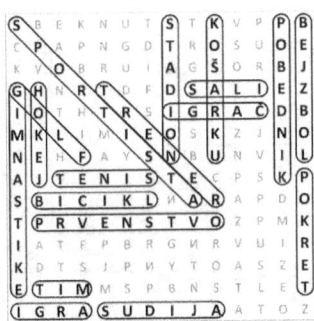

58 - Actividades

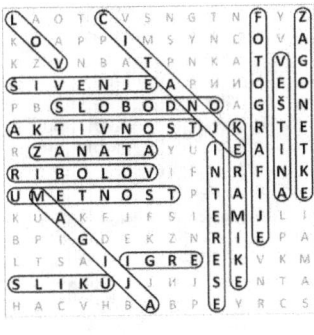

59 - Verduras

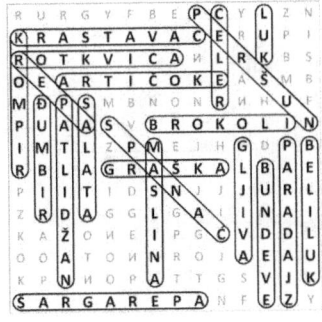

60 - Instrumentos Musicales

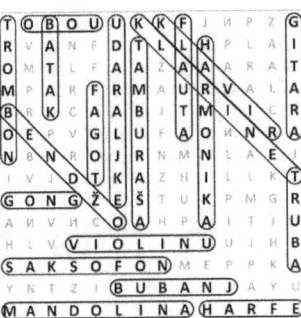

61 - Escalada

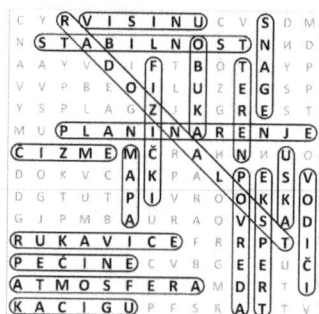

62 - Mascotas

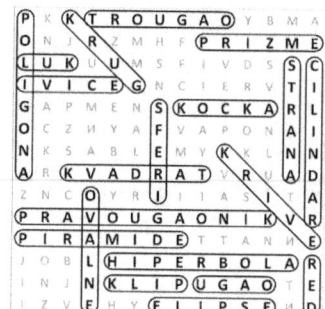

63 - Formas

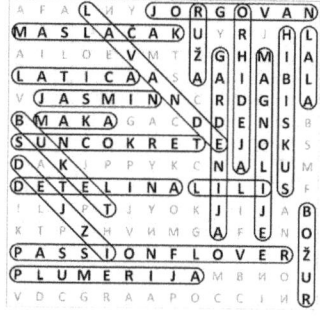

64 - Flores

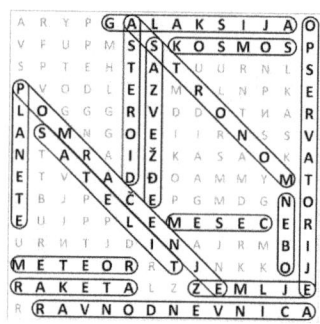

65 - Astronomía

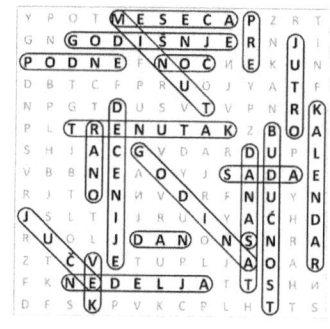

66 - Tiempo

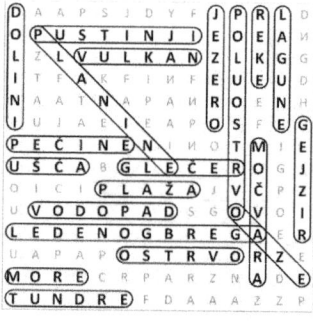

67 - Paisajes

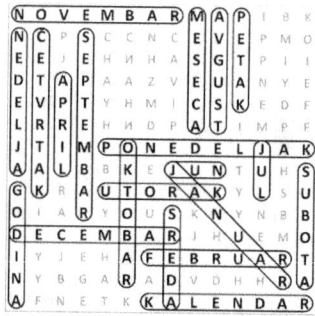

68 - Días y Meses

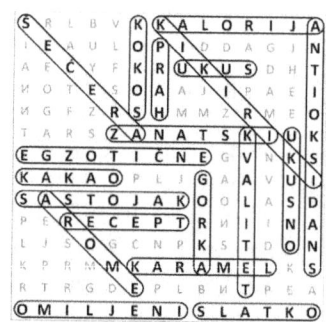

69 - Chocolate

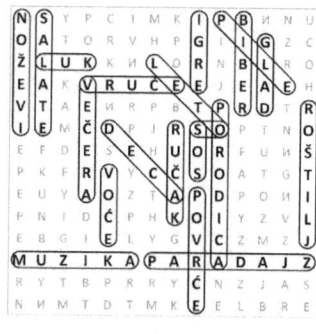

70 - Barbacoas

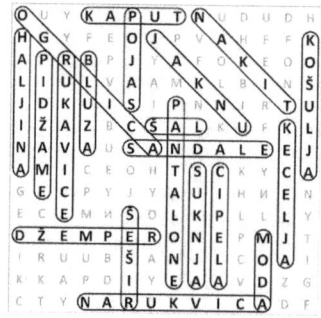

71 - Ropa

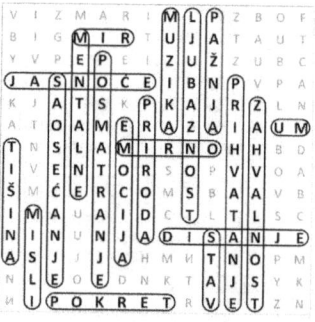

72 - Meditación

73 - Libros

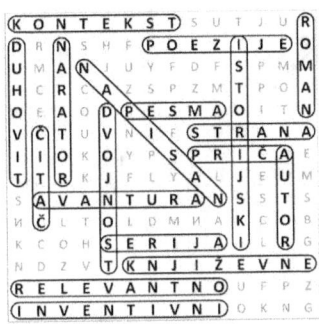

74 - Nutrición

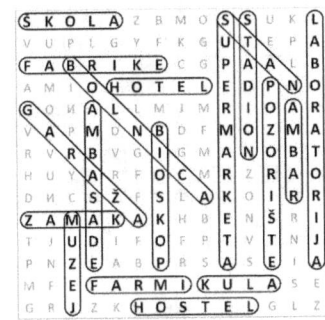

75 - Edificios

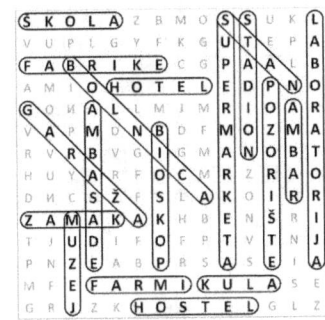

76 - Océano

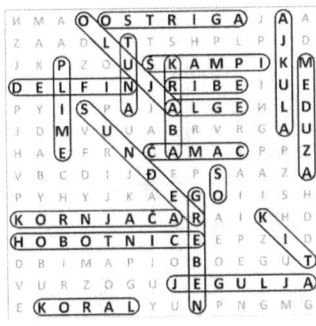

77 - Ciudad

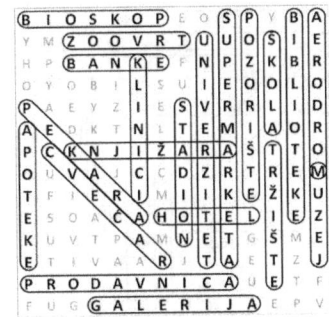

78 - Conservación

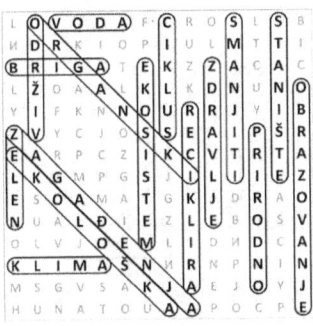

79 - Exploración

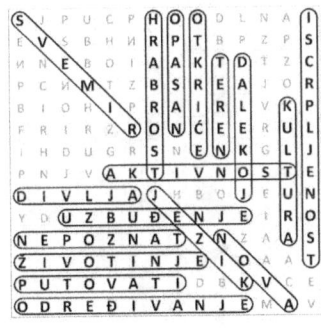

80 - Campeonato

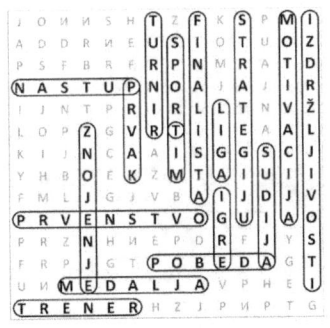

81 - Actividades y Ocio

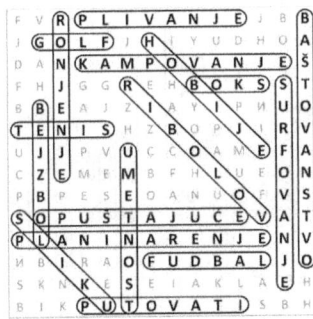

82 - Comida #1

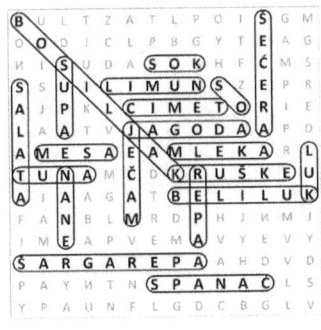

83 - Virtudes #1

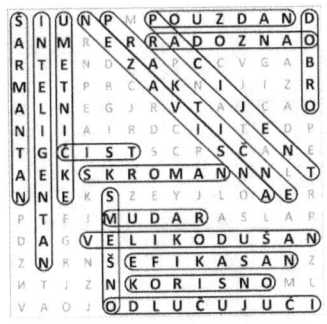

84 - Literatura

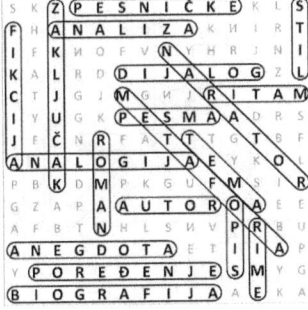

85 - Baño

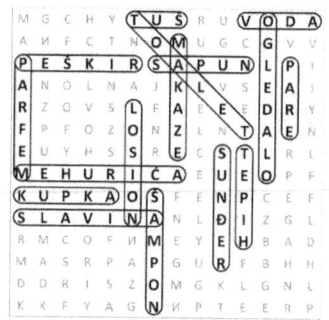

86 - Clima

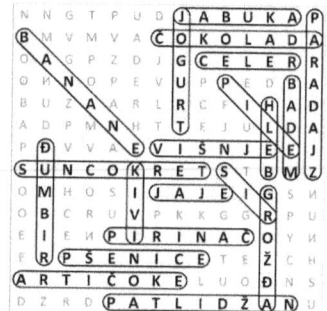

87 - Comida #2

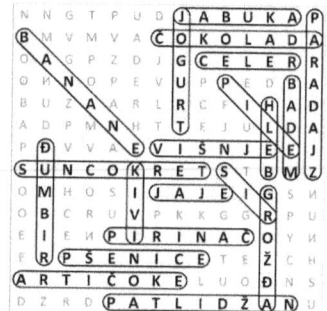

88 - Castillos

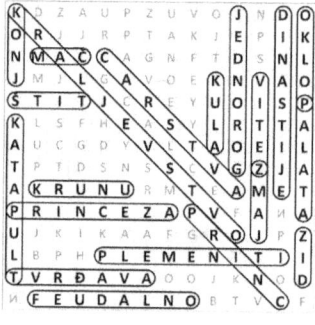

89 - Arte

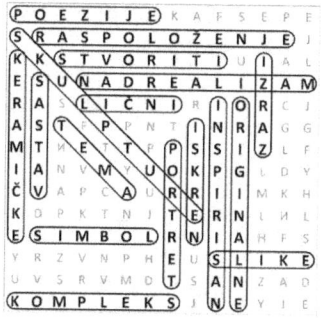

90 - Herboristería

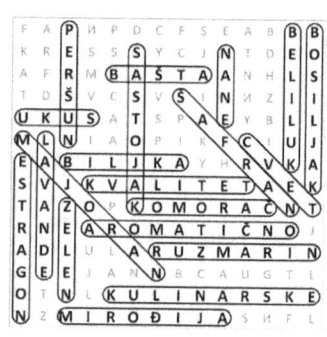

91 - Verano

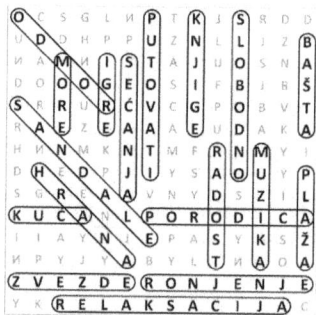

92 - Insectos

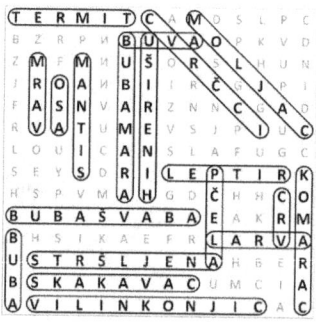

93 - Especias

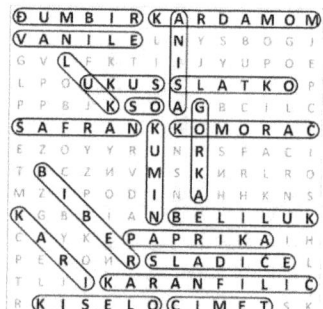

94 - Emociones

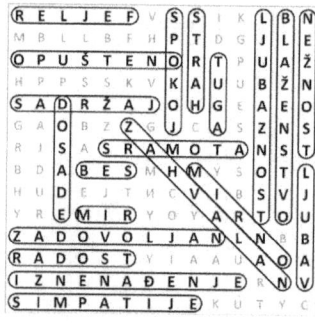

95 - Mediciones

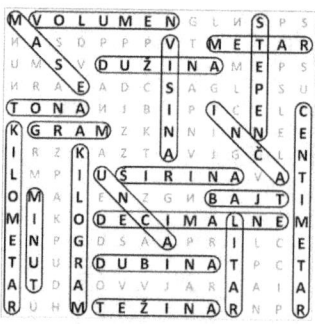

96 - Barcos

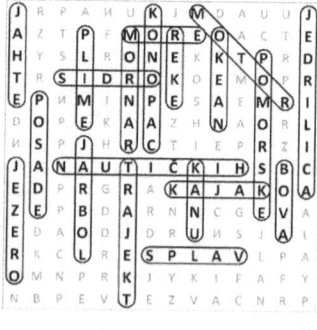

97 - Antártida

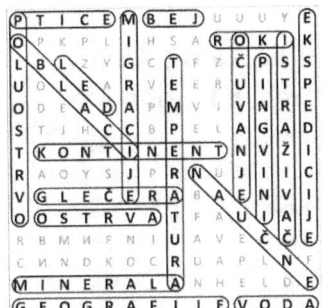

98 - Piratas

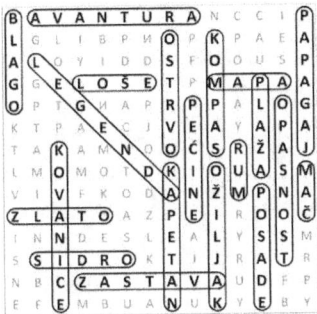

99 - Mamíferos

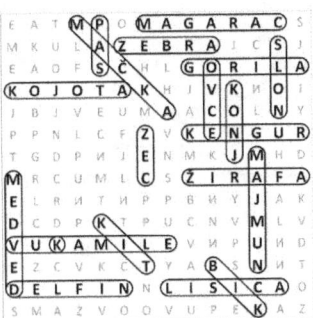

100 - Abejas

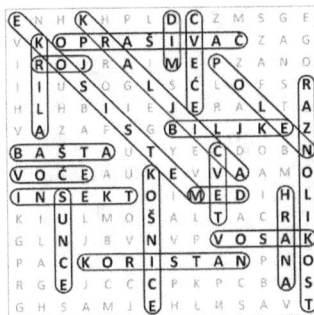

Diccionario

Abejas
Pčele

Alas	Krila
Beneficioso	Koristan
Cera	Vosak
Colmena	Košnice
Comida	Hrana
Diversidad	Raznolikost
Ecosistema	Ekosistem
Enjambre	Roj
Flor	Cvet
Flores	Cveće
Fruta	Voće
Humo	Dim
Insecto	Insekt
Jardín	Bašta
Miel	Med
Plantas	Biljke
Polen	Polen
Polinizador	Oprašivač
Reina	Kraljica
Sol	Sunce

Actividades
Aktivnosti

Actividad	Aktivnost
Arte	Umetnost
Artesanía	Zanata
Caza	Lov
Cerámica	Keramike
Costura	Šivenje
Fotografía	Fotografije
Habilidad	Veština
Intereses	Interese
Jardinería	Baštovanstvo
Juegos	Igre
Lectura	Čitanje
Magia	Magija
Ocio	Slobodno
Pesca	Ribolov
Pintura	Sliku
Placer	Zadovoljstvo
Relajación	Relaksacija
Rompecabezas	Zagonetke
Senderismo	Planinarenje

Actividades y Ocio
Aktivnosti i Slobodno Vr

Aficiones	Hobije
Arte	Umetnost
Baloncesto	Košarku
Béisbol	Bejzbol
Boxeo	Boks
Buceo	Ronjenje
Camping	Kampovanje
Fútbol	Fudbal
Golf	Golf
Jardinería	Baštovanstvo
Natación	Plivanje
Pesca	Ribolov
Pintura	Sliku
Relajante	Opuštajuće
Senderismo	Planinarenje
Surf	Surfovanje
Tenis	Tenis
Viaje	Putovati
Voleibol	Odbojka

Adjetivos #1
Придеви Бр.

Absoluto	Apsolutne
Activo	Aktivan
Ambicioso	Ambiciozan
Aromático	Aromatično
Atractivo	Atraktivne
Brillante	Svetao
Enorme	Ogroman
Generoso	Velikodušan
Grande	Velika
Honesto	Iskren
Importante	Važno
Inocente	Nevin
Joven	Mlad
Lento	Sporo
Moderno	Moderan
Oscuro	Tamno
Perfecto	Savršeno
Pesado	Teška
Serio	Ozbiljan
Valioso	Vredne

Adjetivos #2
Придеви Бр.

Cansado	Umoran
Comestible	Jestivo
Creativo	Kreativne
Descriptivo	Opisni
Dramático	Dramatičan
Elegante	Elegantan
Famoso	Poznat
Fresco	Sveže
Fuerte	Jak
Interesante	Zanimljivo
Natural	Prirodno
Normal	Normalno
Nuevo	Nova
Orgulloso	Ponosni
Picante	Začinjeno
Productivo	Produktivni
Responsable	Odgovoran
Salado	Slano
Saludable	Zdrav
Seco	Suva

Agua
Voda

Canal	Kanal
Ducha	Tuš
Evaporación	Isparavanja
Géiser	Gejzir
Helada	Mraz
Hielo	Led
Humedad	Vlažnosti
Huracán	Uragan
Húmedo	Vlažne
Inundación	Poplava
Lago	Jezero
Lluvia	Kiše
Monzón	Monsun
Nieve	Sneg
Océano	Okeana
Olas	Talasa
Potable	Pitke
Riego	Navodnjavanje
Río	Reke
Vapor	Pare

Ajedrez
Šah

Blanco	Beo
Campeón	Prvak
Concurso	Takmičenje
Diagonal	Dijagonale
Estrategia	Strategiju
Juego	Igra
Jugador	Igrač
Negro	Crna
Oponente	Protivnik
Pasivo	Pasivni
Puntos	Poeni
Reglas	Pravila
Reina	Kraljica
Rey	Kralj
Sacrificio	Žrtvovanje
Tiempo	Vreme
Torneo	Turnir

Antártida
Антарктика

Agua	Voda
Bahía	Bej
Científico	Naučne
Conservación	Očuvanje
Continente	Kontinent
Expedición	Ekspedicije
Geografía	Geografije
Glaciares	Glečera
Hielo	Led
Investigador	Istraživač
Islas	Ostrva
Migración	Migracije
Minerales	Minerala
Nubes	Oblaci
Pájaros	Ptice
Península	Poluostrvo
Pingüinos	Pingvini
Rocoso	Roki
Temperatura	Temperatura
Topografía	Topografije

Arte
Umetnost

Cerámica	Keramičke
Complejo	Kompleks
Composición	Sastav
Crear	Stvoriti
Escultura	Skulpture
Expresión	Izraz
Honesto	Iskren
Humor	Raspoloženje
Inspirado	Inspirisan
Original	Originalne
Personal	Lični
Pinturas	Slike
Poesía	Poezije
Retratar	Portret
Sencillo	Jednostavan
Símbolo	Simbol
Surrealismo	Nadrealizam
Tema	Tema
Visual	Vizuelni

Artes Visuales
Vizuelne Umetnosti

Arcilla	Gline
Arquitectura	Arhitektura
Artista	Umetnik
Barniz	Lak
Caballete	Stalak
Carbón	Ugalj
Cera	Vosak
Cerámica	Keramike
Composición	Sastav
Creatividad	Kreativnost
Escultura	Skulpture
Fotografía	Fotografija
Lápiz	Olovka
Obra Maestra	Remek-Delo
Película	Film
Perspectiva	Perspektive
Pintura	Slikarstvo
Plantilla	Šablon
Retrato	Portret
Tiza	Krede

Astronomía
Astronomija

Asteroide	Asteroid
Astronauta	Astronauta
Astrónomo	Astronom
Cielo	Nebo
Cohete	Raketa
Constelación	Sazvežđe
Cosmos	Kosmos
Eclipse	Pomračenje
Equinoccio	Ravnodnevnica
Galaxia	Galaksija
Luna	Mesec
Meteoro	Meteor
Observatorio	Opservatorije
Planeta	Planete
Radiación	Zračenja
Satélite	Satelit
Supernova	Supernova
Telescopio	Teleskop
Tierra	Zemlje
Universo	Svemir

Aventura
Avantura

Actividad	Aktivnost
Alegría	Radost
Amigos	Prijatelji
Belleza	Lepota
Destino	Odredište
Dificultad	Teškoće
Entusiasmo	Entuzijazam
Excursión	Ekskurzije
Inusual	Neobično
Itinerario	Program
Naturaleza	Priroda
Navegación	Navigaciju
Nuevo	Nova
Oportunidad	Šansa
Peligroso	Opasan
Preparación	Priprema
Seguridad	Sigurnost
Sorprendente	Iznenađujuće
Valentía	Hrabrost
Viajes	Putuje

Aviones
Avioni

Aire	Vazduh
Altitud	Visinu
Altura	Visina
Aterrizaje	Sletanja
Atmósfera	Atmosfera
Aventura	Avantura
Cielo	Nebo
Combustible	Gorivo
Construcción	Konstrukcija
Dirección	Pravcu
Diseño	Dizajn
Globo	Balon
Hélices	Propelera
Hidrógeno	Vodonik
Historia	Istorija
Motor	Motor
Pasajero	Putnik
Piloto	Pilot
Tripulación	Posade
Turbulencia	Turbulencije

Baile
Dance

Academia	Akademije
Alegre	Radosno
Arte	Umetnost
Clásico	Klasične
Coreografía	Koreografija
Cuerpo	Telo
Cultura	Kultura
Cultural	Kulturni
Emoción	Emocija
Ensayo	Probe
Expresivo	Izražajan
Gracia	Grejs
Movimiento	Pokret
Música	Muzika
Postura	Stav
Ritmo	Ritam
Socio	Partner
Tradicional	Tradicionalni
Visual	Vizuelni

Ballet
Balet

Aplauso	Aplauz
Artístico	Umetničke
Audiencia	Publike
Bailarina	Balerina
Bailarines	Plesača
Compositor	Kompozitor
Coreografía	Koreografija
Ensayo	Probe
Estilo	Stil
Expresivo	Izražajan
Gesto	Gest
Habilidad	Veština
Intensidad	Intenzitet
Músculos	Mišića
Música	Muzika
Orquesta	Orkestar
Práctica	Vežba
Ritmo	Ritam
Solo	Solo
Técnica	Tehnika

Baño
Kupatilo

Agua	Voda
Alfombra	Tepih
Aseo	Toalet
Baño	Kupka
Burbujas	Mehurića
Champú	Šampon
Ducha	Tuš
Espejo	Ogledalo
Esponja	Sunđer
Grifo	Slavina
Jabón	Sapun
Loción	Losion
Perfume	Parfem
Tijeras	Makaze
Toalla	Peškir
Vapor	Pare

Barbacoas
Роштиљ

Almuerzo	Ručak
Caliente	Vruće
Cebollas	Luk
Cena	Večera
Cuchillos	Noževi
Ensaladas	Salate
Familia	Porodica
Fruta	Voće
Hambre	Glad
Juegos	Igre
Música	Muzika
Niños	Deca
Parrilla	Roštilj
Pimienta	Biber
Pollo	Pile
Sal	So
Salsa	Sos
Tomates	Paradajz
Verano	Leto
Verduras	Povrće

Barcos
Brodovi

Ancla	Sidro
Balsa	Splav
Boya	Bova
Canoa	Kanu
Cuerda	Konopac
Ferry	Trajekt
Kayak	Kajak
Lago	Jezero
Mar	More
Marea	Plime
Marinero	Mornar
Marítimo	Pomorske
Mástil	Jarbol
Motor	Motor
Náutico	Nautičkih
Océano	Okean
Río	Reke
Tripulación	Posade
Velero	Jedrilica
Yate	Jahte

Campeonato
Prvenstvo

Campeonato	Prvenstvo
Campeón	Prvak
Deportes	Sport
Entrenador	Trener
Equipo	Tim
Estrategia	Strategiju
Finalista	Finalista
Juegos	Igre
Juez	Sudija
Liga	Liga
Medalla	Medalja
Motivación	Motivacija
Rendimiento	Nastup
Resistencia	Izdržljivosti
Torneo	Turnir
Transpiración	Znojenje
Victoria	Pobeda

Camping
Kampovanje

Animales	Životinje
Aventura	Avantura
Árboles	Drveća
Bosque	Šuma
Brújula	Kompas
Cabina	Kabine
Canoa	Kanu
Caza	Lov
Cuerda	Konopac
Equipo	Oprema
Fuego	Požar
Hamaca	Viseća
Insecto	Insekt
Lago	Jezero
Linterna	Fenjer
Luna	Mesec
Mapa	Mapa
Montaña	Planine
Naturaleza	Priroda
Sombrero	Šešir

Casa
Kuća

Alfombra	Tepih
Ático	Tavanu
Biblioteca	Biblioteke
Chimenea	Kamin
Cocina	Kuhinja
Dormitorio	Sobi
Ducha	Tuš
Escoba	Metla
Espejo	Ogledalo
Garaje	Garaža
Grifo	Slavina
Jardín	Bašta
Lámpara	Lampa
Pared	Zid
Piso	Pod
Puerta	Vrata
Sótano	Podrum
Techo	Krov
Valla	Ograde
Ventana	Prozor

Castillos
Dvorci

Armadura	Oklop
Caballero	Vitez
Caballo	Konj
Catapulta	Katapult
Corona	Krunu
Dinastía	Dinastije
Dragón	Zmaj
Escudo	Štit
Espada	Mač
Feudal	Feudalno
Fortaleza	Tvrđava
Imperio	Carstva
Noble	Plemeniti
Palacio	Palata
Pared	Zid
Princesa	Princeza
Príncipe	Princ
Reino	Kraljevstvo
Torre	Kula
Unicornio	Jednorog

Chocolate
Čokolada

Amargo	Gorka
Antioxidante	Antioksidans
Aroma	Arome
Artesanal	Zanatski
Azúcar	Šećera
Cacahuetes	Kikiriki
Cacao	Kakao
Calidad	Kvalitet
Calorías	Kalorija
Caramelo	Karamel
Coco	Kokos
Delicioso	Ukusno
Dulce	Slatko
Exótico	Egzotične
Favorito	Omiljeni
Gusto	Ukus
Ingrediente	Sastojak
Polvo	Prah
Receta	Recept

Ciencia
Nauka

Átomo	Atom
Científico	Naučnik
Clima	Klima
Datos	Podataka
Evolución	Evolucije
Experimento	Eksperiment
Física	Fizike
Fósil	Fosil
Gravedad	Gravitacije
Hecho	Stvari
Hipótesis	Hipoteze
Laboratorio	Laboratorija
Método	Metod
Minerales	Minerala
Moléculas	Molekula
Naturaleza	Priroda
Organismo	Organizma
Partículas	Čestice
Plantas	Biljke
Químico	Hemijske

Ciencia Ficción
Naučna Fantastika

Atómico	Atomske
Cine	Bioskop
Distante	Dalekoj
Explosión	Eksplozije
Extremo	Ekstremne
Fantástico	Fantastičan
Fuego	Požar
Futurista	Futuristički
Galaxia	Galaksija
Ilusión	Iluzije
Imaginario	Imaginarne
Libros	Knjige
Misterioso	Tajanstven
Mundo	Svet
Oráculo	Proročište
Planeta	Planete
Realista	Realno
Robots	Robota
Tecnología	Tehnologija
Utopía	Utopije

Circo
Cirkus

Acróbata	Akrobat
Animales	Životinje
Caramelo	Bombona
Carpa	Šator
Desfile	Parada
Elefante	Slon
Entretener	Zabavljam
Espectador	Gledalac
Globos	Baloni
León	Lav
Magia	Magija
Mago	Mađioničar
Malabarista	Žongler
Mono	Majmun
Mostrar	Prikaži
Música	Muzika
Payaso	Klovn
Tigre	Tigar
Traje	Kostim
Truco	Trik

Ciudad
Grad

Aeropuerto	Aerodrom
Banco	Banke
Biblioteca	Biblioteke
Cine	Bioskop
Clínica	Klinici
Escuela	Škola
Estadio	Stadion
Farmacia	Apoteke
Florista	Cvećar
Galería	Galerija
Hotel	Hotel
Librería	Knjižara
Mercado	Tržište
Museo	Muzej
Panadería	Pekara
Supermercado	Supermarketa
Teatro	Pozorište
Tienda	Prodavnica
Universidad	Univerzitet
Zoo	Zoo Vrt

Clima
Vreme

Atmósfera	Atmosfera
Brisa	Povetarac
Cielo	Nebo
Clima	Klima
Hielo	Led
Huracán	Uragan
Inundación	Poplava
Monzón	Monsun
Niebla	Magla
Nube	Oblak
Polar	Polarni
Rayo	Munje
Seco	Suva
Sequía	Suše
Temperatura	Temperatura
Tormenta	Oluja
Tornado	Tornado
Tropical	Tropske
Trueno	Grmljavina
Viento	Vetar

Cocina
Kuhinja

Caldera	Čajnik
Comida	Hrana
Congelador	Zamrzivač
Cucharas	Kašike
Cucharón	Lonca
Cuchillos	Noževi
Delantal	Kecelja
Especias	Začini
Esponja	Sunđer
Horno	Rerna
Jarra	Vrč
Palillos	Štapići
Parrilla	Roštilj
Receta	Recept
Refrigerador	Frižider
Servilleta	Salveta
Tarro	Teglu
Tazas	Šolje
Tazón	Činiju
Tenedores	Viljuške

Colores
Boje

Amarillo	Žut
Azul	Plava
Azur	Azure
Beige	Bež
Blanco	Beo
Cian	Cijan
Fucsia	Fuchsia
Gris	Siva
Magenta	Magenta
Marrón	Braon
Naranja	Pomorandža
Negro	Crna
Púrpura	Ljubičasta
Rojo	Crvena
Rosa	Roze
Sepia	Sepija
Verde	Zelen

Comida #1
Храна Бр.

Ajo	Beli Luk
Albahaca	Bosiljak
Atún	Tuna
Azúcar	Šećera
Canela	Cimet
Carne	Mesa
Cebada	Ječam
Cebolla	Luk
Ensalada	Salata
Espinacas	Spanać
Fresa	Jagoda
Jugo	Sok
Leche	Mleka
Limón	Limun
Menta	Nane
Nabo	Repa
Pera	Kruške
Sal	So
Sopa	Supa
Zanahoria	Šargarepa

Comida #2
Храна # 2

Alcachofa	Artičoke
Almendra	Badem
Apio	Celer
Arroz	Pirinač
Berenjena	Patlidžan
Cereza	Višnje
Chocolate	Čokolada
Girasol	Suncokret
Huevo	Jaje
Jengibre	Đumbir
Kiwi	Kivi
Manzana	Jabuka
Pan	Hleb
Plátano	Banane
Pollo	Pile
Queso	Sir
Tomate	Paradajz
Trigo	Pšenice
Uva	Grožđa
Yogur	Jogurt

Conduciendo
Vožnja

Accidente	Nesreća
Autobús	Autobus
Calle	Ulici
Camión	Kamion
Coche	Kola
Combustible	Gorivo
Frenos	Kočnice
Garaje	Garaža
Gas	Gas
Licencia	Licencu
Mapa	Mapa
Motocicleta	Motor
Peatonal	Pešak
Peligro	Opasnost
Policía	Policija
Seguridad	Sigurnost
Transporte	Prevoz
Tráfico	Saobraćaja
Túnel	Tunel
Velocidad	Brzina

Conservación
Konzervacija

Agua	Voda
Ambiental	Ekološka
Ciclo	Ciklus
Clima	Klima
Contaminación	Zagađenja
Ecosistema	Ekosistem
Educación	Obrazovanje
Hábitat	Stanište
Natural	Prirodno
Orgánico	Organski
Pesticida	Pesticid
Preocupación	Briga
Reciclar	Reciklira
Reducir	Smanjiti
Salud	Zdravlje
Sostenible	Održiv
Verde	Zelen
Voluntario	Volonter

Cuerpo Humano
Ljudsko Telo

Barbilla	Brada
Boca	Usta
Cabeza	Glava
Cara	Lice
Cerebro	Mozak
Codo	Lakat
Corazón	Srce
Cuello	Vrat
Dedo	Prst
Hombro	Rame
Lengua	Jezik
Mano	Ruka
Nariz	Nos
Ojo	Oko
Oreja	Uvo
Piel	Koža
Pierna	Nogu
Rodilla	Koleno
Sangre	Krv
Tobillo	Skočni Zglob

Cumpleaños
Rođendan

Alegre	Radosno
Amigos	Prijatelji
Año	Godina
Calendario	Kalendar
Canción	Pesma
Celebración	Proslava
Diversión	Zabava
Día	Dan
Especial	Posebno
Feliz	Srećan
Invitaciones	Pozivnice
Joven	Mlad
Nacer	Rođen
Pastel	Torta
Recuerdos	Sećanja
Regalo	Poklon
Sabiduría	Mudrost
Tarjetas	Kartice
Tiempo	Vreme
Velas	Sveće

Deportes
Спортови

Atleta	Sportista
Árbitro	Sudija
Baloncesto	Košarku
Béisbol	Bejzbol
Bicicleta	Bicikl
Campeonato	Prvenstvo
Entrenador	Trener
Equipo	Tim
Estadio	Stadion
Ganador	Pobednik
Gimnasia	Gimnastike
Gimnasio	Sali
Golf	Golf
Hockey	Hokej
Juego	Igra
Jugador	Igrač
Movimiento	Pokret
Tenis	Tenis

Dinosaurios
Dinosaurusi

Alas	Krila
Carnívoro	Mesojed
Cola	Rep
Desaparición	Nestanak
Enorme	Ogromne
Especie	Vrste
Evolución	Evolucije
Fósiles	Fosila
Grande	Velika
Herbívoro	Biljojed
Mamut	Mamut
Omnívoro	Svejed
Poderoso	Moćan
Prehistórico	Praistorijski
Presa	Plen
Reptil	Reptil
Tamaño	Veličina
Tierra	Zemlje
Vicioso	Zlobna

Disciplinas Científicas
Naučne Discipline

Anatomía	Anatomije
Arqueología	Arheologije
Astronomía	Astronomije
Biología	Biologije
Bioquímica	Biohemije
Botánica	Botanike
Ecología	Ekologije
Fisiología	Fiziologije
Geología	Geologije
Inmunología	Imunologije
Lingüística	Lingvistike
Mecánica	Mehanike
Meteorología	Meteorologije
Mineralogía	Mineralogija
Neurología	Neurologije
Psicología	Psihologije
Química	Hemije
Sociología	Sociologije
Termodinámica	Termodinamike
Zoología	Zoologije

Días y Meses
Dani i Meseci

Abril	April
Agosto	Avgust
Año	Godina
Calendario	Kalendar
Diciembre	Decembar
Domingo	Subota
Enero	Januar
Febrero	Februar
Jueves	Četvrtak
Julio	Jul
Junio	Jun
Lunes	Ponedeljak
Martes	Utorak
Mes	Meseca
Miércoles	Sreda
Noviembre	Novembar
Octubre	Oktobar
Semana	Nedelja
Septiembre	Septembar
Viernes	Petak

Ecología
Ekologija

Clima	Klima
Comunidades	Zajednice
Diversidad	Raznolikost
Especie	Vrste
Fauna	Faune
Flora	Flore
Global	Globalno
Hábitat	Stanište
Marino	Morskih
Natural	Prirodno
Naturaleza	Priroda
Pantano	Močvara
Plantas	Biljke
Recursos	Resurse
Sequía	Suše
Sostenible	Održiv
Supervivencia	Opstanak
Variedad	Različite
Vegetación	Vegetacije
Voluntarios	Volontera

Edificios
Zgrade

Albergue	Hostel
Apartamento	Stan
Castillo	Zamak
Cine	Bioskop
Embajada	Ambasade
Escuela	Škola
Estadio	Stadion
Fábrica	Fabrike
Garaje	Garaža
Granero	Ambar
Granja	Farmi
Hospital	Bolnica
Hotel	Hotel
Laboratorio	Laboratorija
Museo	Muzej
Observatorio	Opservatorije
Supermercado	Supermarketa
Teatro	Pozorište
Torre	Kula
Universidad	Univerzitet

Emociones
Emocije

Aburrimiento	Dosade
Agradecido	Zahvalan
Alegría	Radost
Alivio	Reljef
Amor	Ljubav
Avergonzado	Sramota
Beatitud	Blaženstvo
Bondad	Ljubaznost
Calma	Mirno
Contenido	Sadržaj
Ira	Bes
Miedo	Strah
Paz	Mir
Relajado	Opušteno
Satisfecho	Zadovoljan
Simpatía	Simpatije
Sorpresa	Iznenađenje
Ternura	Nežnost
Tranquilidad	Spokoj
Tristeza	Tuga

Escalada
Penjanje

Altitud	Visinu
Atmósfera	Atmosfera
Botas	Čizme
Casco	Kacigu
Cueva	Pećine
Curiosidad	Radoznalost
Estabilidad	Stabilnost
Estrecho	Uska
Experto	Ekspert
Físico	Fizički
Formación	Obuka
Fuerza	Snage
Guantes	Rukavice
Guías	Vodiči
Lesión	Povreda
Mapa	Mapa
Senderismo	Planinarenje
Terreno	Teren

Escuela #1
Школа № 1

Alfabeto	Alfabet
Almuerzo	Ručak
Amigos	Prijatelji
Aula	Učionica
Biblioteca	Biblioteke
Carpetas	Fascikle
Diversión	Zabava
Escritorio	Stolu
Examen	Kviz
Exámenes	Ispita
Lápiz	Olovka
Libros	Knjige
Matemática	Matematike
Números	Brojeve
Papel	Papir
Plumas	Olovke
Profesor	Učitelj
Respuestas	Odgovore
Silla	Stolica

Escuela #2
Школа № 2

Académico	Akademske
Autobús	Autobus
Biblioteca	Biblioteke
Calendario	Kalendar
Ciencia	Nauke
Diccionario	Rečnik
Educación	Obrazovanje
Gramática	Gramatike
Juegos	Igre
Lápiz	Olovka
Lectura	Čitanje
Libros	Knjige
Literatura	Književnost
Mochila	Ranac
Ordenador	Računar
Papel	Papir
Profesor	Učitelj
Ropa	Odeću
Suministros	Zalihe
Tijeras	Makaze

Especias
Začini

Agrio	Kiselo
Ajo	Beli Luk
Amargo	Gorka
Anís	Anisa
Azafrán	Šafran
Canela	Cimet
Cardamomo	Kardamom
Cebolla	Luk
Clavo	Karanfilić
Comino	Kumin
Curry	Kari
Dulce	Slatko
Hinojo	Komorač
Jengibre	Đumbir
Pimentón	Paprika
Pimienta	Biber
Regaliz	Sladiće
Sabor	Ukus
Sal	So
Vainilla	Vanile

Exploración
Istraživanje

Actividad	Aktivnost
Agotamiento	Iscrpljenost
Animales	Životinje
Coraje	Hrabrost
Culturas	Kultura
Desconocido	Nepoznat
Descubrimiento	Otkriće
Determinación	Određivanje
Distante	Dalekoj
Emoción	Uzbuđenje
Espacio	Svemir
Idioma	Jezik
Nuevo	Nova
Peligroso	Opasan
Salvaje	Divlja
Terreno	Teren
Viaje	Putovati

Familia
Porodica

Abuela	Baka
Abuelo	Deda
Antepasado	Predak
Esposa	Supruga
Hermana	Sestra
Hermano	Brat
Hija	Ćerka
Infancia	Detinjstva
Madre	Majka
Marido	Muž
Materno	Majčinske
Nieto	Unuk
Niño	Dete
Niños	Deca
Padre	Otac
Primo	Rođak
Sobrina	Nećakinja
Sobrino	Nećak
Tía	Tetka
Tío	Ujak

Flores
Cveće

Amapola	Maka
Diente de León	Maslačak
Gardenia	Gardenija
Girasol	Suncokret
Hibisco	Hibiskus
Jazmín	Jasmin
Lavanda	Lavande
Lila	Jorgovan
Lirio	Lili
Magnolia	Magnolije
Margarita	Dejzi
Orquídea	Orhideja
Pasionaria	Passionflover
Peonía	Božur
Pétalo	Latica
Plumeria	Plumerija
Ramo	Buket
Rosa	Ruža
Trébol	Detelina
Tulipán	Lala

Formas
Oblici

Arco	Luk
Bordes	Ivice
Cilindro	Cilindar
Círculo	Krug
Cono	Klip
Cuadrado	Kvadrat
Cubo	Kocka
Curva	Krive
Elipse	Elipse
Esfera	Sferi
Esquina	Ugao
Hipérbola	Hiperbola
Lado	Strana
Línea	Red
Oval	Ovalne
Pirámide	Piramide
Polígono	Poligona
Prisma	Prizme
Rectángulo	Pravougaonik
Triángulo	Trougao

Fruta
Voće

Aguacate	Avokado
Albaricoque	Kajsije
Baya	Berri
Cereza	Višnje
Ciruela	Plam
Coco	Kokos
Frambuesa	Maline
Kiwi	Kivi
Limón	Limun
Mango	Mango
Manzana	Jabuka
Melocotón	Breskve
Melón	Dinja
Naranja	Pomorandža
Nectarina	Nektarina
Papaya	Papaja
Pera	Kruške
Piña	Ananas
Plátano	Banane
Uva	Grožđa

Gatos
Mačke

Cazador	Lovac
Cola	Rep
Curioso	Radoznao
Dormir	San
Garra	Kandža
Gracioso	Smešno
Hilo	Prediva
Independiente	Nezavisna
Juguetón	Razigran
Loco	Lud
Pata	Šape
Personalidad	Ličnosti
Piel	Krzno
Poco	Malo
Ratón	Miš
Rápido	Brzo
Salvaje	Divlja
Tímido	Stidljiv

Geografía
Geografija

Altitud	Visinu
Atlas	Atlas
Ciudad	Grad
Continente	Kontinent
Ecuador	Ekvator
Elevación	Visina
Hemisferio	Hemisfere
Isla	Ostrvo
Mapa	Mapa
Mar	More
Meridiano	Meridijan
Montaña	Planine
Mundo	Svet
Norte	Sever
Oeste	Zapad
País	Zemlju
Región	Regiona
Río	Reke
Sur	Jug
Territorio	Teritorije

Geología
Geologija

Ácido	Kiseline
Calcio	Kalcijum
Capa	Sloj
Caverna	Kaverna
Continente	Kontinent
Coral	Koral
Cristales	Kristala
Cuarzo	Kvarc
Erosión	Erozije
Estalactita	Stalaktit
Estalagmitas	Stalagmita
Fósil	Fosil
Géiser	Gejzir
Lava	Lava
Meseta	Plato
Minerales	Minerala
Piedra	Kamen
Sal	So
Terremoto	Zemljotres
Volcán	Vulkan

Granja #1
Фарма Бр.

Abeja	Pčela
Agricultura	Poljoprivrede
Agua	Voda
Arroz	Pirinač
Burro	Magarac
Caballo	Konj
Cabra	Koza
Campo	Polje
Cuervo	Vrana
Fertilizante	Đubriva
Gato	Mačka
Heno	Seno
Miel	Med
Perro	Pas
Pollo	Pile
Semillas	Seme
Ternero	Tele
Tierra	Zemlja
Vaca	Krava
Valla	Ograde

Granja #2
Фарма # 2

Agricultor	Farmer
Animales	Životinje
Cebada	Ječam
Colmena	Košnica
Comida	Hrana
Cordero	Jagnje
Fruta	Voće
Granero	Ambar
Huerto	Voćnjak
Leche	Mleka
Llama	Lame
Maíz	Kukuruz
Oveja	Ovce
Pastor	Pastir
Pato	Patka
Prado	Livada
Riego	Navodnjavanje
Tractor	Traktor
Trigo	Pšenice
Vegetal	Povrća

Herboristería
Herbalizam

Ajo	Beli Luk
Albahaca	Bosiljak
Aromático	Aromatično
Azafrán	Šafran
Calidad	Kvalitet
Culinario	Kulinarske
Eneldo	Mirođija
Estragón	Estragon
Flor	Cvet
Hinojo	Komorač
Ingrediente	Sastojak
Jardín	Bašta
Lavanda	Lavande
Mejorana	Majoran
Menta	Nane
Perejil	Peršun
Planta	Biljka
Romero	Ruzmarin
Sabor	Ukus
Verde	Zelen

Insectos
Insekti

Abeja	Pčela
Avispa	Osa
Avispón	Stršljena
Áfido	Uširenih
Cigarra	Cvrčci
Cucaracha	Bubašvaba
Escarabajo	Buba
Gusano	Crv
Hormiga	Mrav
Larva	Larva
Libélula	Vilin Konjic
Mantis	Mantis
Mariposa	Leptir
Mariquita	Bubamara
Mosquito	Komarac
Polilla	Moljac
Pulga	Buva
Saltamontes	Skakavac
Termita	Termit

Instrumentos Musicales
Muzički Instrumenti

Armónica	Harmonika
Arpa	Harfe
Banjo	Bendžo
Baquetas	Batak
Clarinete	Klarinet
Fagot	Fagot
Flauta	Flauta
Gong	Gong
Guitarra	Gitara
Mandolina	Mandolina
Oboe	Obou
Pandereta	Tamburaša
Percusión	Udaraljke
Piano	Klavir
Saxofón	Saksofon
Tambor	Bubanj
Trombón	Trombon
Trompeta	Truba
Violín	Violinu
Violonchelo	Violončelo

Jardín
Гарден

Arbusto	Grm
Árbol	Drvo
Banco	Klupa
Césped	Travnjak
Estanque	Jezeru
Flor	Cvet
Garaje	Garaža
Hamaca	Viseća
Hierba	Trava
Huerto	Voćnjak
Jardín	Bašta
Malezas	Korov
Manguera	Crevo
Pala	Lopata
Porche	Trem
Rastrillo	Grablje
Suelo	Zemlja
Terraza	Terasa
Trampolín	Trampolin
Valla	Ograde

Juguetes
Igračke

Ajedrez	Šah
Arcilla	Klej
Artesanía	Zanata
Avión	Avion
Barco	Čamac
Bicicleta	Bicikl
Bola	Lopta
Camión	Kamion
Coche	Kola
Cometa	Zmaj
Favorito	Omiljeni
Imaginación	Mašte
Juegos	Igre
Libros	Knjige
Muñeca	Lutka
Robot	Robot
Rompecabezas	Slagalica
Tambores	Bubnjevi
Tren	Voz

Libros
Knjige

Autor	Autor
Aventura	Avantura
Colección	Kolekcija
Contexto	Kontekst
Dualidad	Dvojnost
Escrito	Napisan
Historia	Priča
Histórico	Istorijski
Humorístico	Duhovit
Inventivo	Inventivni
Lector	Čitač
Literario	Književne
Narrador	Narator
Novela	Roman
Página	Strana
Pertinente	Relevantno
Poema	Pesma
Poesía	Poezije
Serie	Serija
Trágico	Tragične

Literatura
Književnost

Analogía	Analogija
Análisis	Analiza
Anécdota	Anegdota
Autor	Autor
Biografía	Biografija
Comparación	Poređenje
Conclusión	Zaključak
Descripción	Opis
Diálogo	Dijalog
Estilo	Stil
Ficción	Fikcija
Metáfora	Metafora
Narrador	Narator
Novela	Roman
Poema	Pesma
Poético	Pesničke
Rima	Rime
Ritmo	Ritam
Tema	Tema
Tragedia	Tragedije

Mamíferos
Sisari

Ballena	Kit
Burro	Magarac
Caballo	Konj
Camello	Kamile
Canguro	Kengur
Cebra	Zebra
Conejo	Zec
Coyote	Kojota
Delfín	Delfin
Elefante	Slon
Gato	Mačka
Gorila	Gorila
Jirafa	Žirafa
Lobo	Vuk
Mono	Majmun
Oso	Medved
Oveja	Ovce
Perro	Pas
Toro	Bik
Zorro	Lisica

Mascotas
Kućni Ljubimci

Agua	Voda
Cabra	Koza
Cachorro	Štene
Cola	Rep
Collar	Okovratnik
Comida	Hrana
Conejo	Zec
Correa	Povodac
Garras	Kandže
Gato	Mačka
Hámster	Hrčak
Lagarto	Gušter
Loro	Papagaj
Patas	Šape
Perro	Pas
Pescado	Ribe
Ratón	Miš
Tortuga	Kornjača
Vaca	Krava
Veterinario	Veterinar

Matemáticas
Matematike

Aritmética	Aritmetika
Ángulos	Uglova
Circunferencia	Obim
Decimal	Decimalne
Diámetro	Prečnik
Ecuación	Jednačina
Esfera	Sferi
Exponente	Eksponent
Fracción	Frakcija
Geometría	Geometrije
Paralelo	Paralelni
Paralelogramo	Paralelogram
Perímetro	Perimetar
Perpendicular	Upravno
Polígono	Poligona
Radio	Radijus
Rectángulo	Pravougaonik
Simetría	Simetrija
Triángulo	Trougao
Volumen	Volumen

Mediciones
Меасуремεнтс

Altura	Visina
Ancho	Širina
Byte	Bajt
Centímetro	Centimetar
Decimal	Decimalne
Grado	Stepen
Gramo	Gram
Kilogramo	Kilogram
Kilómetro	Kilometar
Litro	Litar
Longitud	Dužina
Masa	Mase
Metro	Metar
Minuto	Minut
Onza	Unca
Peso	Težina
Profundidad	Dubina
Pulgada	Inča
Tonelada	Tona
Volumen	Volumen

Meditación
Meditacija

Aceptación	Prihvatanje
Atención	Pažnja
Bondad	Ljubaznost
Calma	Mirno
Claridad	Jasnoće
Compasión	Saosećanje
Emociones	Emocija
Gratitud	Zahvalnost
Mental	Mentalne
Mente	Um
Movimiento	Pokret
Música	Muzika
Naturaleza	Priroda
Observación	Posmatranje
Paz	Mir
Pensamientos	Misli
Perspectiva	Perspektive
Postura	Stav
Respiración	Disanje
Silencio	Tišina

Mitología
Mitologija

Arquetipo	Arhetip
Celos	Ljubomore
Cielo	Nebesa
Comportamiento	Ponašanje
Creación	Stvaranje
Creencias	Uverenja
Criatura	Stvorenje
Cultura	Kultura
Desastre	Katastrofe
Fuerza	Snage
Guerrero	Ratnik
Héroe	Heroj
Inmortalidad	Besmrtnost
Laberinto	Lavirint
Leyenda	Legenda
Monstruo	Čudovište
Mortal	Smrtni
Rayo	Munje
Trueno	Grmljavina
Venganza	Osveta

Mueble
Nameštaj

Alfombra	Tepih
Almohada	Jastuk
Banco	Klupa
Cama	Krevet
Cojines	Jastuci
Colchón	Dušek
Cortinas	Zavese
Cómoda	Komoda
Edredones	Utešitelji
Escritorio	Stolu
Espejo	Ogledalo
Estantes	Police
Hamaca	Viseća
Lámpara	Lampa
Silla	Stolica
Sillón	Fotelja
Sofá	Kauč

Naturaleza
Priroda

Abejas	Pčele
Animales	Životinje
Ártico	Arktik
Belleza	Lepota
Bosque	Šuma
Desierto	Pustinji
Dinámico	Dinamičan
Erosión	Erozije
Follaje	Lišće
Glaciar	Glečer
Niebla	Magla
Nubes	Oblaci
Pacífico	Mirno
Refugio	Sklonište
Río	Reke
Salvaje	Divlja
Santuario	Svetilište
Sereno	Spokojan
Tropical	Tropske
Vital	Vitalni

Nutrición
Ishrana

Amargo	Gorka
Apetito	Apetit
Calidad	Kvalitet
Calorías	Kalorija
Cereales	Žitarice
Comestible	Jestivo
Dieta	Dijeta
Digestión	Varenje
Equilibrado	Uravnotežen
Fermentación	Fermentacije
Hábitos	Navike
Líquidos	Tečnosti
Peso	Težina
Proteínas	Proteina
Sabor	Ukus
Salsa	Sos
Salud	Zdravlje
Saludable	Zdrav
Toxina	Otrov
Vitamina	Vitamin

Números
Brojevi

Catorce	Četrnaest
Cero	Nula
Cinco	Pet
Cuatro	Četiri
Decimal	Decimalne
Diecinueve	Devetnaest
Dieciocho	Osamnaest
Dieciséis	Šesnaest
Diecisiete	Sedamnaest
Diez	Deset
Doce	Dvanaest
Dos	Dva
Nueve	Devet
Ocho	Osam
Quince	Petnaest
Seis	Šest
Siete	Sedam
Trece	Trinaest
Tres	Tri
Veinte	Dvadeset

Océano
Okeana

Alga	Alge
Anguila	Jegulja
Arrecife	Greben
Atún	Tuna
Ballena	Kit
Barco	Čamac
Camarón	Škampi
Cangrejo	Kraba
Coral	Koral
Delfín	Delfin
Esponja	Sunđer
Mareas	Plime
Medusa	Meduza
Ostra	Ostriga
Pescado	Ribe
Pulpo	Hobotnice
Sal	So
Tiburón	Ajkula
Tormenta	Oluja
Tortuga	Kornjača

Paisajes
Pejzaži

Cascada	Vodopad
Cueva	Pećine
Desierto	Pustinji
Estuario	Ušća
Géiser	Gejzir
Glaciar	Glečer
Iceberg	Ledenog Brega
Isla	Ostrvo
Lago	Jezero
Laguna	Lagune
Mar	More
Montaña	Planine
Oasis	Oaze
Pantano	Močvara
Península	Poluostrvo
Playa	Plaža
Río	Reke
Tundra	Tundre
Valle	Dolini
Volcán	Vulkan

Países #2
Zemlje #2

Albania	Albanija
Australia	Australija
Austria	Austrija
Dinamarca	Danska
Etiopía	Etiopije
Francia	Francuske
Grecia	Grčke
Indonesia	Indonezija
Irlanda	Irska
Jamaica	Jamajka
Japón	Japan
Laos	Laos
México	Meksiko
Pakistán	Pakistan
Portugal	Portugal
Rusia	Rusija
Siria	Sirije
Sudán	Sudan
Ucrania	Ukrajina
Uganda	Ugandi

Pájaros
Ptice

Avestruz	Noja
Águila	Orao
Cigüeña	Roda
Cisne	Labud
Cuco	Kukavica
Cuervo	Vrana
Flamenco	Flamingo
Ganso	Guska
Garza	Heron
Gaviota	Galeb
Gorrión	Vrapca
Halcón	Soko
Huevo	Jaje
Loro	Papagaj
Paloma	Golub
Pato	Patka
Pelícano	Pelikan
Pingüino	Pingvin
Pollo	Pile
Tucán	Tukan

Pesca
Ribolov

Agua	Voda
Aletas	Peraja
Barco	Čamac
Branquias	Škrge
Cable	Žice
Cebo	Mamac
Cesta	Korpi
Cocinar	Kuvar
Equipo	Oprema
Exageración	Preterivanja
Gancho	Kuka
Lago	Jezero
Mandíbula	Vilice
Océano	Okean
Paciencia	Strpljenja
Peso	Težina
Playa	Plaža
Río	Reke
Temporada	Sezona

Piratas
Pirati

Ancla	Sidro
Aventura	Avantura
Bandera	Zastava
Brújula	Kompas
Capitán	Kapetan
Cicatriz	Ožiljak
Cueva	Pećine
Espada	Mač
Isla	Ostrvo
Leyenda	Legenda
Loro	Papagaj
Malo	Loše
Mapa	Mapa
Monedas	Kovanice
Oro	Zlato
Peligro	Opasnost
Playa	Plaža
Ron	Rum
Tesoro	Blago
Tripulación	Posade

Plantas
Biljke

Arbusto	Grm
Árbol	Drvo
Bambú	Bambus
Baya	Berri
Bosque	Šuma
Botánica	Botanike
Cactus	Kaktus
Fertilizante	Đubriva
Flor	Cvet
Flora	Flore
Follaje	Lišće
Frijol	Pasulj
Hiedra	Bršljan
Hierba	Trava
Hoja	List
Jardín	Bašta
Musgo	Mahovina
Pétalo	Latica
Raíz	Koren
Vegetación	Vegetacije

Playa
Plaža

Arena	Pesak
Arrecife	Greben
Azul	Plava
Barco	Čamac
Cangrejo	Kraba
Costa	Obale
Isla	Ostrvo
Laguna	Lagune
Mar	More
Océano	Okean
Paraguas	Kišobran
Sandalias	Sandale
Sol	Sunce
Toalla	Peškir
Vacaciones	Odmor
Velero	Jedrilica

Profesiones #1
Професије Бр.

Abogado	Advokat
Astrónomo	Astronom
Atleta	Sportista
Bailarín	Plesačica
Banquero	Bankar
Bombero	Vatrogasac
Cartógrafo	Kartograf
Cazador	Lovac
Científico	Naučnik
Doctor	Lekar
Editor	Urednik
Embajador	Ambasador
Enfermera	Sestra
Entrenador	Trener
Geólogo	Geolog
Joyero	Zlatar
Músico	Muzičar
Pianista	Pijanista
Psicólogo	Psiholog
Veterinario	Veterinar

Profesiones #2
Професије Бр.

Astronauta	Astronauta
Bibliotecario	Bibliotekar
Biólogo	Biolog
Cirujano	Hirurg
Dentista	Zubar
Detective	Detektiv
Filósofo	Filozof
Fotógrafo	Fotograf
Ilustrador	Ilustrator
Ingeniero	Inženjer
Inventor	Pronalazač
Investigador	Istraživač
Jardinero	Baštovan
Lingüista	Lingvista
Médico	Lekar
Periodista	Novinar
Piloto	Pilot
Pintor	Slikar
Profesor	Učitelj
Zoólogo	Zoolog

Rellenar
Za Popunjavanje

Bandeja	Ležište
Barril	Bure
Bolsa	Torba
Bolsillo	Džep
Botella	Boca
Caja	Kutija
Cajón	Fioka
Carpeta	Fasciklu
Cartón	Karton
Cesta	Korpi
Cubo	Kofu
Cuenca	Basen
Jarrón	Vaza
Maleta	Kofer
Paquete	Paket
Sobre	Koverte
Tarro	Teglu
Tubo	Cev

Restaurante #1
Ресторан бр. 1

Alergia	Alergije
Café	Kafa
Cajero	Blagajnik
Camarera	Konobarica
Carne	Mesa
Cocina	Kuhinja
Comida	Hrana
Cuchillo	Nož
Ingredientes	Sastojci
Menú	Meni
Pan	Hleb
Picante	Začinjeno
Plato	Ploča
Pollo	Pile
Postre	Desert
Reserva	Rezervacije
Salsa	Sos
Servilleta	Salveta
Tazón	Činiju

Restaurante #2
Ресторан № 2

Agua	Voda
Almuerzo	Ručak
Bebida	Napitak
Camarero	Kelner
Cena	Večera
Cuchara	Kašika
Delicioso	Ukusno
Ensalada	Salata
Especias	Začini
Fideos	Rezanci
Fruta	Voće
Hielo	Led
Huevos	Jaja
Pastel	Torta
Pescado	Ribe
Sal	So
Silla	Stolica
Sopa	Supa
Tenedor	Viljuška
Verduras	Povrće

Ropa
Odeća

Abrigo	Kaput
Blusa	Bluza
Bufanda	Šal
Camisa	Košulja
Chaqueta	Jaknu
Cinturón	Pojas
Collar	Ogrlica
Delantal	Kecelja
Falda	Suknja
Guantes	Rukavice
Joyas	Nakit
Moda	Moda
Pantalones	Pantalone
Pijama	Pidžame
Pulsera	Narukvica
Sandalias	Sandale
Sombrero	Šešir
Suéter	Džemper
Vestido	Haljina
Zapato	Cipela

Selva Tropical
Rainforest

Anfibios	Vodozemci
Botánico	Botanički
Clima	Klima
Comunidad	Zajednica
Diversidad	Raznolikost
Especie	Vrste
Indígena	Autohtonih
Insectos	Insekti
Mamíferos	Sisara
Musgo	Mahovina
Naturaleza	Priroda
Nubes	Oblaci
Pájaros	Ptice
Preservación	Očuvanje
Refugio	Utočište
Respeto	Poštovati
Restauración	Restauracija
Selva	Džungli
Supervivencia	Opstanak
Valioso	Vredne

Senderismo
Planinarenje

Acantilado	Klif
Agua	Voda
Animales	Životinje
Botas	Čizme
Camping	Kampovanje
Cansado	Umoran
Clima	Klima
Cumbre	Samit
Guías	Vodiči
Mapa	Mapa
Montaña	Planine
Mosquitos	Komarci
Naturaleza	Priroda
Orientación	Položaj
Parques	Parkova
Pesado	Teška
Piedras	Kamenje
Preparación	Priprema
Salvaje	Divlja
Sol	Sunce

Suministros de Arte
Umetnički Pribor

Aceite	Ulje
Acrílico	Akril
Acuarelas	Akvareli
Agua	Voda
Arcilla	Klej
Borrador	Gumica
Caballete	Stalak
Carbón	Ugalj
Cámara	Kamera
Cepillos	Četke
Colores	Boje
Creatividad	Kreativnost
Ideas	Ideje
Lápices	Olovke
Mesa	Sto
Papel	Papir
Pasteles	Pastela
Pegamento	Lepak
Silla	Stolica
Tinta	Mastilo

Surf
Сурфовање

Arrecife	Greben
Atleta	Sportista
Campeón	Prvak
Clima	Vreme
Diversión	Zabava
Espuma	Pena
Estilo	Stil
Estómago	Stomak
Extremo	Ekstremne
Fuerza	Snage
Multitudes	Gužve
Océano	Okean
Ola	Talas
Playa	Plaža
Popular	Popularna
Principiante	Početna
Velocidad	Brzina

Tecnología
Tehnologija

Archivo	Datoteka
Blog	Blog
Bytes	Bajtova
Cámara	Kamera
Cursor	Kursora
Datos	Podataka
Digital	Digitalni
Estadísticas	Statistika
Internet	Internet
Investigación	Istraživanje
Mensaje	Poruka
Navegador	Pregledač
Ordenador	Računar
Pantalla	Ekran
Seguridad	Sigurnost
Software	Softver
Virtual	Virtuelni
Virus	Virus

Tiempo
Vreme

Ahora	Sada
Antes	Pre
Anual	Godišnje
Año	Godina
Ayer	Juče
Calendario	Kalendar
Década	Decenije
Día	Dan
Futuro	Budućnost
Hora	Sat
Hoy	Danas
Mañana	Jutro
Mediodía	Podne
Mes	Meseca
Minuto	Minut
Momento	Trenutak
Noche	Noć
Semana	Nedelja
Siglo	Vek
Temprano	Rano

Tipos de Cabello
Tipovi Kose

Blanco	Beo
Brillante	Sjajna
Calvo	Ćelav
Corto	Kratak
Delgada	Tanak
Gris	Siva
Grueso	Debeo
Largo	Dugo
Marrón	Braon
Negro	Crna
Ondulado	Talasasta
Plata	Srebro
Rizado	Kovrdžava
Rizos	Lokne
Rubio	Plava
Saludable	Zdrav
Seco	Suva
Suave	Meka
Trenzado	Pleteni
Trenzas	Pletenice

Vacaciones #2
Одмор # 2

Aeropuerto	Aerodrom
Carpa	Šator
Destino	Odredište
Extranjero	Strani
Fotos	Fotografije
Hotel	Hotel
Isla	Ostrvo
Mapa	Mapa
Mar	More
Ocio	Slobodno
Pasaporte	Pasoš
Playa	Plaža
Reservas	Rezervacije
Restaurante	Restoran
Taxi	Taksi
Transporte	Prevoz
Tren	Voz
Vacaciones	Odmor
Viaje	Putovanje
Visa	Viza

Vehículos
Vozila

Ambulancia	Hitnu
Autobús	Autobus
Avión	Avion
Balsa	Splav
Barco	Čamac
Bicicleta	Bicikl
Camión	Kamion
Caravana	Karavan
Coche	Kola
Cohete	Raketa
Ferry	Trajekt
Helicóptero	Helikopter
Lanzadera	Šatl
Metro	Metro
Motor	Motor
Neumáticos	Gume
Submarino	Podmornice
Taxi	Taksi
Tractor	Traktor
Tren	Voz

Verano
Leto

Alegría	Radost
Amigos	Prijatelji
Buceo	Ronjenje
Camping	Kampovanje
Comida	Hrana
Estrellas	Zvezde
Familia	Porodica
Hogar	Kuća
Jardín	Bašta
Juegos	Igre
Libros	Knjige
Mar	More
Música	Muzika
Ocio	Slobodno
Playa	Plaža
Recuerdos	Sećanja
Relajación	Relaksacija
Sandalias	Sandale
Vacaciones	Odmor
Viaje	Putovati

Verduras
Povrće

Ajo	Beli Luk
Alcachofa	Artičoke
Apio	Celer
Berenjena	Patlidžan
Brócoli	Brokoli
Calabaza	Bundeve
Cebolla	Luk
Ensalada	Salata
Espinacas	Spanać
Guisante	Graška
Jengibre	Đumbir
Nabo	Repa
Oliva	Maslina
Patata	Krompir
Pepino	Krastavac
Perejil	Peršun
Rábano	Rotkvica
Seta	Gljiva
Tomate	Paradajz
Zanahoria	Šargarepa

Virtudes #1
Врлине Бр.

Apasionado	Strastveni
Artístico	Umetničke
Bien	Dobro
Curioso	Radoznao
Decisivo	Odlučujući
Eficiente	Efikasan
Encantador	Šarmantan
Fiable	Pouzdan
Generoso	Velikodušan
Gracioso	Smešno
Independiente	Nezavisna
Inteligente	Inteligentan
Limpio	Čist
Modesto	Skroman
Paciente	Pacijent
Práctico	Praktične
Sabio	Mudar
Útil	Korisno

Enhorabuena

Lo has conseguido!

Esperamos que hayas disfrutado de este libro tanto como nosotros al diseñarlo. Nos esforzamos por crear libros de la máxima calidad posible.
Esta edición está diseñada para proporcionar un aprendizaje inteligente, de calidad y divertido!

¿Te ha gustado este libro?

Una Petición Sencilla

Estos libros existen gracias a las reseñas que se publican.
¿Podrías ayudarnos dejando una reseña ahora?
Aquí tienes un breve enlace a la página de reseñas

BestBooksActivity.com/Opiniones50

¡DESAFÍO FINAL!

Reto n°1

¿Estás listo para tu juego gratis? Los utilizamos siempre, pero no son tan fáciles de encontrar. ¡Aquí están los **Sinónimos!**
Escribe 5 palabras que hayas encontrado en los rompecabezas (#21, #36, #76) y trata de encontrar 2 sinónimos para cada palabra.

Escriba 5 palabras del *Puzzle 21*

Palabras	Sinónimo 1	Sinónimo 2

Escriba 5 palabras del *Puzzle 36*

Palabras	Sinónimo 1	Sinónimo 2

Escriba 5 palabras del *Puzzle 76*

Palabras	Sinónimo 1	Sinónimo 2

Reto n°2

Ahora que te has calentado, escribe 5 palabras que hayas encontrado en los Puzzles 9, 17 y 25 e intenta encontrar 2 antónimos para cada palabra. ¿Cuántos puedes encontrar en 20 minutos?

Escriba 5 palabras del **Puzzle 9**

Palabras	Antónimo 1	Antónimo 2

Escriba 5 palabras del **Puzzle 17**

Palabras	Antónimo 1	Antónimo 2

Escriba 5 palabras del **Puzzle 25**

Palabras	Antónimo 1	Antónimo 2

Reto n°3

¡Genial! Este desafío final no es nada para ti.

¿Preparado para el reto final? Elige 10 palabras que hayas descubierto en los diferentes rompecabezas y escríbelas a continuación.

1.	6.
2.	7.
3.	8.
4.	9.
5.	10.

Ahora escribe un texto pensando en una persona, un animal o un lugar que te guste.

Puedes usar la última página de este libro como borrador.

Tu Composición:

CUADERNO DE NOTAS :

HASTA PRONTO !

Todo el Equipo

DESCUBRA JUEGOS GRATIS

GO

↓

BESTACTIVITYBOOKS.COM/FREEGAMES